Klaus-Dieter Matschke / He
Mahito Ohgo

Judo

Die 40 Gokyo-Kampftechniken des modernen Judo

50. Fachbuch des Autors Herbert Velte, in Zusammenarbeit mit Klaus-Dieter Matschke und Mahito Ohgo.

Impressum
Judo, Die 40 Gokyo-Kampftechniken,
nach der Lehrmethode von Mahito Ohgo.
Die Grund- und Kampfwürfe des modernen Judo, neu bearbeitet und aktualisiert von Herbert Velte, 3. Dan Judo und Klaus-Dieter Matschke, 6. Dan Judo, 2. Dan Jiu-Jitsu.
Zeichnung Seite 3: Das Budo-ABC 1988, DanRho / Budo-Verlag Sport-Rhode, Dreieich-Sprendlingen.
Fotos: Von Aki Kurasawa, Japan und von anderen.
Karikaturen: Von Erich Kern und von anderen.
© Copyright, Herausgeber und Verlag: Schramm Sport GmbH., 85256 Vierkirchen, Unterfeldring 3.
Satz, Lithos und Druck: Druckerei Henrici, 61267 Neu-Anspach.
Alle Rechte, auch die des auszugsweisen Nachdrucks, der Übersetzung, der Nomenklatur und der Formulierung des Systems, nur nach vorheriger schriftlicher Genehmigung durch den Herausgeber.
Eine Haftung der Autoren und des Herausgebers für Personen-, Sach- und Vermögensschäden ist ausgeschlossen.
1. Auflage 1974: Falken-Verlag, Niedernhausen/Taunus.
2. Auflage 1986: Sport-Buch-Verlag Herbert Velte, Bad Homburg.
3. Neu-Auflage 2007: Schramm Sport GmbH., Vierkirchen.
e-mail-Adresse des Autors: herbert@velte-online.de
ISBN 978-3-00-021947-4

Inhaltsverzeichnis

Die erste Auflage dieses Buches widmete Mahito Ohgo seinem ersten Judo-Lehrer Yuki Nagase, in dankbarer Anerkennung.

„Lesen Sie also dieses Buch
mit großem Respekt
und mit höchster Konzentration"!

Mahito Ohgo,
der um 1974 unter Privatvertrag mit dem ehemaligen
DJB-Präsidenten Heinrich Frantzen (Nordrhein-Westfalen)
stehende japanische Trainer des Deutschen Judo-Bundes.

Vorwort zur ersten Auflage

Nach der Publikation des Buches „JUDO, Grundlagen-Methodik" wurde erneut eine starke Nachfrage nach kompletter Judo-Fachliteratur ersichtlich, so nach einer Beschreibung aller Kampftechniken. In dem vorliegenden Buch ist das Go Kyo-System erläutert, das allgemein den Kernpunkt in der Judopraxis bildet. Den umfangreichen Gesamtinhalt bis in jedes Detail darzustellen, überschreitet das Können eines einzelnen Judoka. Um entscheidende Mängel bei der einzelnen Technik zu vermeiden, habe ich mich auf veröffentlichtes Material gestützt, unerschöpfliche Quellen von alten Meistern. Dabei wurde ich wiederum belehrt, daß jede Technik einen großen geschichtlichen Hintergrund besitzt und daß das Individuum die technische Vollendung im höchsten Maße mitgeprägt hat. Doch besaßen gleichzeitig die Meister untereinander anerkannte, gewisse einheitliche Prinzipien, die ich bei diesem Buch besonders berücksichtige.

Bei den Fotoaufnahmen wirkten Aki Kurasawa und seine Techniker mit. Während der Aufnahmen in der Sportschule Hennef und Sporthochschule Köln stellten sich meine Schüler Karl Kögl, Ulrich Klocke, Wolfgang Wien und Detlef Thomas zur Verfügung. An dieser Stelle möchte ich allen Mitarbeitern meinen herzlichsten Dank aussprechen.

Heidelberg, im Frühling 1974   Mahito Ohgo

Vorwort zur zweiten Auflage

Auf Wunsch von vielen aktiven Judokämpfern ist das bekannte Fachbuch des großen Judotechnikers Mahito Ohgo über die 40 Grund- Kampfwürfe des japanischen Lehrsystems der Gokyo-no-Kaisetsu nun wieder neu erschienen.

Die 40 Kampftechniken des modernen Judo sind die theoretische und praktische Grundlage und der Leitfaden auf dem Weg zur Judo-Meisterschaft.

So werden in der Tat alle 40 Kampftechniken ausführlich und übersichtlich beschrieben und auf Fotos meisterhaft demonstriert. Die Erklärungen gehen von leichteren zu schweren Techniken, von grundlegenden zu abgewandelten und von sicheren zu risikoreicheren Techniken. Jede Wurfbeschreibung reicht von der Wurfvorbereitung, über den Wurfeingang bis zum Niederwurf und berücksichtigt auch andere Wurfausführungen, Variationen, Wurf-Weiterführungen, Verteidigungen und Gegenwürfe sowie Wurf-Kombinationen.

Rund herum also: Ein immer noch nützliches und unentbehrliches Fachbuch für Anfänger, Fortgeschrittene, Meister und Lehrer. Und auch die Judo-Jugend findet in diesem Standard-Werk viel Wissenswertes.

Wir wünschen diesem Buch weiterhin eine große Verbreitung.

Bad Homburg v.d.H., im Frühling 1986   Der Herausgeber

Vorwort zur erweiterten dritten Auflage

Dieses Judobuch über „Die Gokyo" ist seit vielen Jahren, genauer gesagt seit 20 Jahren, ausverkauft und daher leider nicht mehr lieferbar. Die erste Auflage erschien im Frühling 1974. Die zweite Auflage erschien nach 12 Jahren im Frühling 1986 und war eben- falls schnell ausverkauft. Danach herrschten einige Jahre der „Ohgo-Abstinenz" und andere japanische und auch koreanische Judo-Trainer, wie zum Beispiel Han Hosan, wurden in Deutschland verpflichtet. Viele Jahre davor waren es Tokio Hirano und Dr. Makoto Suzuki. Aber die Judo-Techniken des Mahito Ohgo blieben und bleiben unvergessen.

Auf vielfachen Wunsch zahlreicher Judoka haben wir daher eine erweiterte Neu-Auflage zusammengestellt nach der Lehrmethode von Mahito Ohgo, dem ehemaligen exzellenten japanischen Judo- lehrer und Judotechniker in Deutschland in den Jahren um 1974. Alles in allem hat damit der interessierte Judoka ein Lehr- und Lernbuch in der Hand, das ihm behilflich ist, auf seinem Weg „Vom Anfänger bis zum Judomeister". Wir wünschen auch dieser dritten Auflage des „Ohgo-Buches" für das Jahr 2007 und auch noch darüber hinaus eine große Verbreitung.

Neu-Anspach, im Frühjahr 2007　　　　　　　　　　　　　　　Der Herausgeber

Einleitung

Die Go Kyo ist als ein System vierzig ausgewählter Techniken des Judo ebenso bekannt wie die Kata-Form. Go Kyo heißt „die fünf Lehren"; das bedeutet also in didaktischer Hinsicht ein System in fünf Stufen. Jede Stufe enthält acht Techniken. Diese Einordnung der Techniken wurde aus folgenden Gründen festgelegt:

1. von leichteren zu schwereren Techniken
2. von grundlegenden zu abgewandelten Techniken
3. von sicheren zu risikoreicheren Techniken
4. aus allgemein verbindlichen stilistischen Gründen – Techniken, in denen der Werfende stehen bleibt, werden höher eingeschätzt als Selbstfalltechniken.

Die Go Kyo wurde im Jahre 1895, 13 Jahre nach Gründung des modernen Judo, offiziell vom Kodokan festgelegt, um das gesamte System der Techniken sinnvoll zu ordnen. Im Jahre 1921, nach 27jähriger Erfahrung mit diesem System, wurden einige Techniken wegen ihrer Gefährlichkeit durch andere ersetzt. Die heutige Go Kyo enthält die für die Praxis unbedingt notwendigen Techniken und fast alle gebräuchlichen Kampftechniken des modernen Judo. Andererseits sind in ihr einige Techniken erhalten geblieben, die durch die moderne Kampfweise fast unnötig geworden sind.

Wir müssen beim Judo erst die Technik lernen und sie dann beherrschen. Was wir uns von den zahlreichen Techniken wirklich zu eigen machen können, ist sehr wenig. Das Beherrschen der Technik beim Judo bedeutet aber, daß wir damit jeden, auch den Widerstand leistenden, Partner besiegen können. Die Beherrschung der Technik darf nicht mit den bloßen Kenntnissen über sie verwechselt werden. Je mehr Spezialtechniken man anwenden kann, desto besser ist es. Die Lernfähigkeit ist durch die körperliche Veranlagung und die Trainingsdauer begrenzt. Das Training wird normalerweise ein ununterbrochener mehrjähriger Prozeß sein. Die Erfahrung lehrt, daß derjenige, der in relativ kurzer Zeit viel gelernt hat, das Judo-Training lange fortsetzen kann. Das „viel" bedeutet nicht nur die Zahl der Techniken und Ehrungen bei Wettkämpfen, sondern auch die Tiefe, d. h. Qualität der technischen Beherrschung. Dadurch werden die Entwicklungsmöglichkeiten sowie die Interessensgebiete erweitert.

Um in kurzer Zeit erfolgreich zu lernen, müssen wir etliche, für jeden geeignete Techniken aussuchen. Dabei kann der Lehrer des Vereins beraten. Wer eine Grundtechnik gut beherrscht, kann weitere leichter lernen. Hierzu gehören die Techniken der ersten und zweiten Stufe der Go Kyo, mit Ausnahme von Uki Goshi, O Goshi, Koshi Guruma, wegen ihrer negativen Wirkung auf später zu erlernende, erfolgreichere Kampftechniken. Hat man dagegen erst eine individuell nicht geeignete Technik kennengelernt, wird diese im allgemeinen zum Hindernis des technischen Fortschritts. Hierzu gehören die meisten Techniken der dritten, vierten und fünften Stufe, die zu einer falschen, nicht erfolgreichen Gewohnheit führen können.

Besonders die Selbstfalltechniken, Tomoe Nage, Yoko Otoshi, Tani Otoshi usw. soll man nicht allzu zeitig praktizieren. Sie sind die Techniken der höheren Klasse der Kämpfer; sie werden neben den Haupttechniken — Hand-, Hüft-, Fußwürfe — als Hilfstechniken benutzt.

Wir müssen beim Randori auch vermeiden, unnötig zu fallen. Vor allem sollen wir nicht mit dem Partner auf den Boden stürzen, speziell um seine Technik zu kontern. Wenn der Partner einen sicheren Stand hat, ist das vollkommen erfolglos und unsinnig. Judo als Sport verlangt den Angriff, den offensiven Geist und eine aktive Haltung; sie sind Voraussetzungen der Judopraxis. Für die Verteidigung im Stand soll man die Kraft der Technik des Partners hinnehmen, überwinden oder ihr ausweichen. Dadurch wird eine starke und bewegliche Hüfte ausgebildet, was auch für einen guten Stil nützlich ist. Es ist am besten, wenn man derartige falsche Techniken mit dem Lehrer gemeinsam auszuschalten versucht.

Neben der Erklärung der Technik habe ich möglichst viele Grundprobleme des Judo erwähnt. Ich würde mich freuen, wenn das vorliegende Buch auch als eine Art Lektüre über Judo gelesen würde.

Bei den Erläuterungen der Technik habe ich die allgemein gültigen Erkenntnisse ausgewählt. Es gibt unzählige Spezialeingänge für jede Technik. Doch wenn man das Prinzipielle versteht, kann man meistens selbst variieren. Anwenden, Ausüben und Erfinden stehen als Aufgabe dem Leser offen.

Alle Techniken sind rechtsseitig erläutert. Jede Technik hat natürlich Angriffsmöglichkeiten für beide Seiten. Wer die Technik links verstehen will, muß nur die Wörter „rechts" und „links" austauschen.

Die Ausdrücke Tori — Werfender — und Uke — Geworfener — sind allgemein verbreitet. Da diese Ausdrücke jedoch nur bei der vereinbarten Übung — Yakusoku Geiko — oder Kata benutzt werden, habe ich sie in dem vorliegenden Buch nicht gebraucht.

Jede einzelne Technik wurde in Tsukuri — Vorbereitung — und Kake — Ansatz — unterteilt, und die langwierige Beschreibung steht für in Wirklichkeit kurze und fließende, manchmal auch blitzschnelle Abläufe. Der Leser wird gebeten, die Technik im Unterbewußtsein zu verankern und sie spannender und schwungvoller auszuüben, als sie hier beschrieben steht.

Aus fototechnischen Gründen konnten manche benötigten Phasen des Wurfs nicht festgehalten werden. In einem solchen Fall ist bei dem vorletzten Bild vor dem Ansatz der entscheidende Angriffspunkt durch Pfeil gekennzeichnet.

Die meisten fotografischen Darstellungen beginnen von links nach rechts und weiter von oben nach unten. Jedoch sind einige Reihenfolgen zum besseren Verständnis von rechts nach links eingeordnet und durch schwarze Nummern in den Bildern verdeutlicht.

Die Entstehung des Judo

Sumo Sechiê — Ringerfest am kaiserlichen Hof

Jedes Volk hatte in vergangenen Zeiten seine Art von Zweikampf, und einige davon gibt es noch heute. Judo entwickelte sich auf japanischem Boden. Die Ursprünge von Ju Jutsu oder Sumo sind unbekannt. Japanische Chroniken berichten, daß schon im 4. Jahrhundert Wettkämpfe stattfanden. Man hält sie für die Ursprünge des Sumo oder Ju Jutsu, jedoch waren diese Kämpfe mit religiösem Ritus verbunden. Ausgesuchte Kämpfer aus den Bergen und von der Küste versammelten sich am Kaiserhof: Das Resultat der Kämpfe war zugleich die Prophezeiung für die Ernte. Es ist jedoch bemerkenswert, daß der Sieger neben seiner reinen Körperkraft auch schon gewisse Tricks anwandte, die aber von den anderen als Mystik oder Magie ausgelegt wurden und ihm daher den eigentlichen Sieg gebracht hätten. Hier entsteht schon die Ausnutzung der Kraft des Partners, die später von Europäern als der „typisch ostasiatische Gedanke" bezeichnet wurde. Im Gegensatz dazu stand bei manchen westlichen Ringkämpfen die athletische Körperkraft im Vordergrund, um den Gegner zu besiegen.

Die antiken Zweikämpfe ohne Waffen hießen Chikara Kurabe — Vergleich der Kräfte — oder Sumo-Sumaû = Streiten. Darin waren die technischen Grundlagen des späteren Sumo, Kumi Uchi und Ju Jutsu enthalten. Einige Kämpfe gingen um Leben und Tod, wie manche literarische Quellen berichten. Mit der Zeit entwickelte sich eine Kampfmethode, die es erlaubte, den Sieger ohne tödliche Gefahr und Verletzungen zu ermitteln. Es entstanden zwei Arten des Zweikampfes: Bu Gi — Kriegskunst — und Kyo Gi — Wettbewerb. Die erstere bedeutet die

Übung der Kriegskunst für Kriegszeiten, und die letztere wurde zum Spaß und zur Schau veranstaltet. Die Schaukämpfe fanden auf Initiative des Kaiserlichen Hofes statt, um in Friedenszeiten die kriegerischen Künste weiter zu fördern. Jedoch stand in Wirklichkeit das Vergnügen der Hofleute an erster Stelle. Diese Kämpfe galten als eine der wichtigsten Zeremonien des Hofes von 782 bis 1123.

Während des japanischen Mittelalters hindurch gab es zwei adelige Kriegsparteien. Die Krieger waren meistens Reiter; jedoch waren sie häufig auch auf ihre kämpferischen Fähigkeiten auf dem Boden angewiesen. In dieser Zeit entwickelten sich die Wurftechniken und Bodenarbeiten. Die Namen der einzelnen Techniken tauchten auf, aber die Bodenarbeit — Katame Waza — wurde noch nicht namentlich erwähnt. In der damaligen Literatur tritt das Wort „Yawara" zum ersten Male auf, das die gesamte Kampftechnik, besonders aber Sumo bezeichnet, und das später gleichbedeutend mit Ju Jutsu wurde.

Ju Jutsu ist der direkte Vorgänger von Judo. Seit dem 16. Jahrhundert veränderte die Einführung des Gewehrs die Kampfarten. Man ging mit einer leichteren Rüstung ins Feld. Dadurch entwickelte sich eine schnellere Angriffs- und Abwehrtechnik, entweder mit dem gekürzten Schwert oder ohne Waffe.

Die ständigen Kriege und Unruhen verlangten von jedem die stetige Abwehrbereitschaft gegen unerwartete Überfälle. Unter den erfahrenen Bushi — Samurai — gab es Meister der einzelnen Kriegskünste, wie z. B. dem Kampf mit Lanzen, Schwert oder dem waffenlosen Kampf. Sie haben die Techniken als Kata-Form systematisiert und das System weiter privat unterrichtet. Dadurch entstanden geheime Techniken, die nur im Kreis des Meisters vermittelt wurden. In der zweiten Hälfte des 16. Jahrhunderts wurde Ju Jutsu von den anderen Kampftechniken abgetrennt und als ein System unterrichtet. Selbst die großen Heerführer suchten bei einem Meister systematischen Unterricht und geistiges Training. Jigoro Kano, Begründer des Judo, definiert Ju Jutsu als „eine Kunst des Angriffs oder der Verteidigung ohne oder gelegentlich mit Waffen gegen einen Gegner mit oder ohne Waffen".

Neben den technischen Entwicklungen gab es auch theoretische und geistige Formulierungen von jedem Meister und jeder Schule. Manche erreichten sogar philosophischen Charakter; z. B. Yoshin Ryu, eine der berühmtesten Schule, gab folgende Devise zur Bereitwilligkeit: „Wer allgemein das Schwert oder die Lanze benutzt, beabsichtigt zu töten, und dabei gibt es kein Überleben. Aber die göttliche Kunst — Ju Jutsu — tötet nur den bösen Geist und läßt den sündlosen Körper am Leben. Das ist wirklich eine einzigartige göttliche Kunst zu kämpfen, ohne zu töten." Ju Jutsu zeigte also schon vor der anbrechenden Friedensepoche humanitäre Elemente.

Die jahrhundertelang getragenen zwei Schwerter der Krieger waren in dieser Friedenszeit — Tokugawa oder Edozeit 1603 bis 1868 — am Hofe verboten. Nicht nur die Krieger, sondern auch die niederen Beamten, wie z. B. Gefängniswärter, waren dadurch genötigt, sich im Notfall ohne Waffe zu verteidigen oder waffenlos anzugreifen. Durch die Klassenunterschiede des Feudalsystems war es den Gemeinen verboten, ein Schwert zu tragen. Zwangsläufig entwickelten sie zum Zwecke der Selbstverteidigung Kampftechniken, die mit bloßen Händen ausgeführt wurden. Dadurch erreichte Ju Jutsu die höchste Stufe. Im 18. Jahrhundert existierten mehr als 100 Schulen; darunter können noch mehr als die Hälfte namentlich und dokumentarisch belegt werden.

1868 erfuhr Japan sowohl in politischer Hinsicht als auch auf anderen Gebieten revolutionäre Wandlungen, die Meji-Restauration: Die Feudalherrschaft der Ritter wurde beendet, und alle Macht ging in die Hände des Kaisers und seiner Regierung über. Damit war auch der schnelle Niedergang aller traditionellen Kriegskünste besiegelt, wobei auch Ju Jutsu dieses Schicksal teilte. Kurz danach erschien Jigoro Kano als 18jähriger Student an der kaiserlichen Universität. Der relativ kleine Mann litt unter der Tyrannei seiner Kameraden; jedoch verbot ihm sein Stolz, nachzugeben. Aus diesem Grunde besuchte er den Unterricht bei einem der wenigen Ju Jutsu-Meister, die ihre Kunst noch ausübten. Im Jahre 1882 gründete der Dreiundzwanzigjährige eine eigene Schule in Tokyo, das Kodokan, und nannte seine Lehre „Judo" anstelle von Ju Jutsu. Er erzählt selbst die Gründungsgeschichte des Judo:

„Als ich Ju Jutsu lernte, fand ich es nicht nur interessant, sondern auch äußerst wirkungsvoll für die Ausbildung von Körper und Geist. Deshalb kam mir die Idee, es weiter zu verbreiten. Dazu war jedoch notwendig, das alte Ju Jutsu in einem gewissen Maße zu verbessern, da Ju Jutsu eigentlich nicht zum Zwecke der Leibeserziehung oder intellektueller und moralischer Erziehung entstanden war. Aber was ursprünglich für den Kampf erfunden worden war, nahm allmählich diese neue Form an. Auch die Kampfmethode jeder alten Ju Jutsu-Schule hatte ihre Vorzüge und Mängel. Darum kam mir der Gedanke, von jeder Schule nur die Vorzüge zusammenzunehmen und neu aufzubauen. Ich habe so viele Vorzüge aufgenommen, wie ich von jeder Schule erfahren konnte und meine Erfindungen hinzugefügt. Das Ziel soll nicht im Kampf selbst liegen, sondern im Stählen und dem Ausbilden von Körper und Geist und im Studium des Kampfes. Dafür habe ich eine bestimmte Methode und Ordnung festgelegt. Das ist Kodokan Judo."

Zusammenfassend kann man sagen, daß Jigoro Kano die zweckgebundene Selbstverteidigung in pädagogischer Hinsicht reorganisiert und ihr einen neuen erzieherischen Wert gegeben hat. Später wurde er Direktor der Lehrerakademie in Tokyo, erster Päsident des NOK Japan, Mitglied des IOC und lange Zeit Mitarbeiter von Pierre de Coubertin. Zugleich war er der Begründer des modernen japanischen Erziehungs- und Sportwesens. Er reiste häufig nach Europa, demonstrierte und erklärte Judo und erwarb sich viele Anhänger. Seine sportlichen Ideen fanden unter den Mitgliedern des IOC und in der gesamten Sportwelt Anerkennung. 1964 wurde Judo zum erstenmal olympische Disziplin, und es genießt heute als Weltsport hohe Anerkennung. Man darf jedoch nicht vergessen, daß hinter der Verbreitung und Blüte des Judo der persönliche Einsatz von Jigoro Kano stand, der Judo aus dem Budo — der gesamten japanischen Kriegskunst — zu einem Sport mit hohen ideellen Werten erhob und ihm gesellschaftliche Anerkennung verschaffte.

**Jigoro Kano
(28.10.1860 - 4.5.1938),
Begründer des modernen Judo,
ehemaliger Präsident
und Gründer des Kodokan,
Ehrenpräsident und Gründer
der Japan-Athletic-Association,
und Präsident des Nationalen
Olympischen Komitees von Japan.**

JUDO·REVUE

Fachzeitschrift für den Judolehrer, Trainer, Experten und alle Judoka 1

Titel der Nr. 1 der JUDO-REVUE vom Mai 1976.
Herausgeber: Mahito Ohgo. Geschäftsführende Redaktion:
Riccardo Bonfranchi und Ulrich Klocke.

Die drei Hauptformen des Judo

I. RANDORI:
ist freies Üben, bei dem man verschiedene Techniken anwendet und in keiner festen Form trainiert.

II. KATA:
bedeutet eine Übungsreihe von festgelegten Angriffen und Verteidigungen in verschiedenen Formen. In diesen überlieferten, festgelegten Formen der Körperbeherrschung übt man die Grundtechniken.

III. SHIAI:
bedeutet Wettkampf. Man kämpft nach bestimmten Kampfregeln, um seine technischen und geistigen Leistungen zu überprüfen.

II. NAGE WAZA:
Wurftechnik
1. TE WAZA: Handtechniken
2. KOSHI WAZA: Hüfttechniken
3. ASHI WAZA: Fußtechniken
4. MASUTEMI   Selbstfalltechniken
   WAZA: rückwärts
5. YOKO SUTEMI   Selbstfalltechniken
   WAZA: seitwärts

III. KATAME WAZA – NE WAZA –
Kontrolltechnik
1. OSAEKOMI   Haltegriffe
   WAZA:
2. SHIME WAZA: Würgegriffe
3. KANSETSU   Hebeltechniken
   WAZA:

Art der Techniken

I. UKEMI:
Fallschule
Man lernt, den Sturz oder das Fallen zu beherrschen. Dabei wird nicht nur die Technik des Fallens, sondern auch die Beherrschung des ganzen Körpers erlernt. Hinzu kommt die Erlernung der geistigen und körperlichen Bereitschaft zum Judo; nämlich zu werfen und geworfen zu werden.

Zusätzliche Übungsformen zu Randori, Kata und Shiai

I. TANDOKU RENSHU:
Übung ohne Partner

II. SOTAI RENSHU:
vereinbarte Übung für den technischen Ablauf mit Partner

III. UCHI KOMI:
intensives Üben der Wurfansätze ohne Wurf mit Partner

Rei-Begrüßung

Es gibt zwei Arten von Verbeugungen:

REI IM STAND:
Zwei Personen stehen zwei bis vier Meter auseinander und verbeugen sich gleichzeitig zueinander. Der Oberkörper wird um etwa 30° gebeugt. Beide Hände bleiben lokker am Körper angelegt.

REI IM SITZEN:
1. Aus der Shizentai stellt man das linke Bein einen halben Schritt zurück und setzt das linke Knie bei aufgestellten Zehen auf.

2. Danach stellt man den rechten Fuß nach hinten und setzt das rechte Knie neben das linke. Beide Füße werden gleichzeitig gestreckt.
3. Dann setzt man sich sofort auf die Fersen.
4. Der Oberkörper ist aufgerichtet und beide Hände ruhen auf den Oberschenkeln in Leistenhöhe. Die Fingerspitzen zeigen nach innen. Beide Ellenbogen werden locker an den Körper angezogen. Diese Haltung heißt Sêiza — richtiger Sitz —. Danach sehen sich beide Partner an, legen ihre Hände gleichzeitig vor den Knien auf die Matte und verbeugen sich. Das Aufstehen geschieht in umgekehrte Reihenfolge.

Shisei-Grundstellung

Es gibt beim Judo drei Grundstellungen:

SHIZENTAI:
SHIZEN HONTAI — natürliche Grundstellung — ist die natürliche Grundstellung und die Ausgangsposition für alle Bewegungen. Man steht still, locker, unbefangen; beide Füße stehen enger als die Schulterbreite, um gegen alle Angriffe und Aktionen schnell reagieren zu können.
MIGI SHIZENTAI — natürliche Grundstellung, rechts —. Aus der Ausgangsposition Shizen Hontai wird der rechte Fuß um eine Länge vorgesetzt.
HIDARI SHIZENTAI — natürliche Grundstellung, links —. Aus der Ausgangsposition Shizen Hontai wird der linke Fuß um eine Länge vorgesetzt.

Es bestehen noch weitere Variationen von Shizen Hontai:

JIGOTAI:
ist eine Verteidigungsposition
JIGO HONTAI
— Grundverteidigungsstellung —
MIGI JIGOTAI
— Verteidigungsstellung, rechts —
HIDARI JIGOTAI
— Verteidigungsstellung, links —

Jigotai ist eine Umwandlung der natürlichen Grundstellung in eine kurzzeitige Verteidigungsposition. Die Grundstellung von Judo ist jedoch Shizentai.

„Erstrebe eine heitere Gelassenheit
im Sieg und in der Niederlage."
Gunji G. Koizumi, 8. Dan, japanischer Judo-Pionier,
um 1955 viele Jahre in England lebend und lehrend.

KUMI KATA
DAS ZUFASSEN

Die Griffweise stellt eine der wichtigsten Voraussetzungen in der Judopraxis dar. Sie wurde seit alters her von Experten studiert und überliefert. Im modernen Judo sind durch zahlreiche Wettkampferfahrungen einheitliche Regeln entstanden. Zunächst muß durch das Zufassen die Sicherheit des Partners streng berücksichtigt und Verletzungen vermieden werden. Der Arm des Partners, den er in die Wurfrichtung und zur Matte richtet, wird von der Hand des Werfenden kontrolliert und hoch zum Körper gezogen. Ansonsten stützen sich die Geworfenen unbewußt mit dem Arm ab, da der Verteidigungstrieb jedem eigen ist. Die Hand, die den Ärmel des Partners kontrolliert wird Hikite – Zughand –, die das Revers des Partners hält Tsurite – Hebezughand – genannt. Die Zughand leitet hauptsächlich die Richtung der Schrittbewegungen des Partners, dient somit dem Gleichgewichtbrechen und bestimmt zugleich die Wurfrichtung. Die Hebezughand unterstützt diese Aktionen, hat jedoch mehr die Aufgabe, den Körper des Partners heranzuziehen und am eigenen Körper zu fixieren. Die Koordination beider entscheidet aber erst über die technische Vervollkommnung einer Durchführung. Die Gesamtkontrolle der Finger, Handgelenke und Arme bildet ein wichtiges Element der Kumi Kata. Auch der Einsatz beider Ellenbogen spielt letztlich eine große Rolle, weil von ihm die Distanz und der Kontakt beider Partner abhängig sind.

Während der Übung und des Kampfes halten wir die Finger und Arme locker, wobei die Handgelenke gedreht werden und die Handballen nach unten drücken. Bei der Verteidigung drücken die Handgelenke den Arm des Partners herunter und blockieren. Anschließend werden sie sofort wieder gelockert. Ellenbogen und Arm spielen bei der Verteidigung die gleiche Rolle. Die wechselhafte Spannung und Entspannung der Handgelenke, des Ellenbogens und Arms laufen stetig ab. Wenn die Arme stark angespannt bleiben, wird ein Angriff vom Partner leicht bemerkt, und es ergeben sich auch Nachteile für die Verteidigung.

Bild 1—4 HIKITE — ZUGHAND —

Bild 2 Das Handgelenk wird gedreht, so daß der Kleinfinger nach außen zeigt.

Bild 1 Mittel-, Ring- und Kleinfinger falten den Stoff unterhalb des Ärmels unseres Partners. Daumen und Zeigefinger fassen leicht zu. Das Handgelenk wird etwas nach innen-unten gedreht — normale Haltung —.

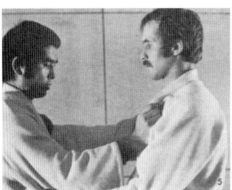

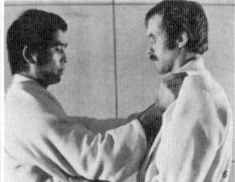

Bild 5—8 TSURITE — HEBEZUGHAND —

Bild 5 Die rechte Hand greift die Jacke des Partners in Brusthöhe — normale Haltung. Dieser Griff ist für jede Technik gültig. Besonders bei Seoi Nage und Tai Otoshi und anderen Handtechniken bevorzugt man diese Höhe. Mittel-, Ring- und Kleinfinger greifen den Jackenrand, während der Daumen und Zeigefinger nur leicht zufassen. Das Handgelenk wird etwas nach un-

ten gedrückt, wobei die faustende Hand nach oben zum eigenen Körper gerichtet wird. Der Ellenbogen wird leicht angewinkelt.

Bild 6 Das Bild zeigt eine höhere Griffhaltung, und zwar am Hals des Partners, die für Uchi Mata, Harai Goshi, Hane Goshi und andere Hüfttechniken, Ouchi Gari, Kouchi Gari, Osoto Gari und weitere Fußtechniken bevorzugt wird.

Bild 3   Der Ellenbogen wird hochgehoben und verstärkt den Zug der Hand, um das Gleichgewicht des Partners zu brechen.

Bild 4   Der Zug wird durch Kopf- und Körperdrehen verstärkt. Die Hand bestimmt die Wurfrichtung.

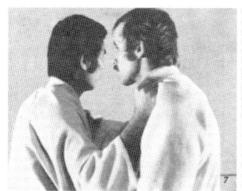 

Bild 7   Die äußere Seite des Handballens wird am Körper des Partners fest angelegt, wobei die Faust zum eigenen Körper gerichtet wird. Der Zug wird durch Drehen des Handgelenks und Beugen des Ellenbogens durchgeführt. Der Partner wird herangezogen und am Körper des Angreifers fixiert.

Bild 8
OKUERI — ZUFASSEN AM NACKEN —
Ein größerer Kämpfer faßt bei einem kleineren die Jacke am Nacken des Partners, um besseren Kontakt zu erhalten oder umgekehrt, ein kleinerer Kämpfer, um die Kraft des Gegners abzuschwächen, wobei er den Partner veranlaßt, seinen Oberkörper stark zu beugen.

Die Grundprinzipien
der Wurftechniken aus dem Stand (Tachi-waza):

Die Handwürfe (Te-waza) werden mit Hilfe des Judogrundsatzes drücken und ziehen („Drücke wenn der Gegner zieht und ziehe, wenn er drückt!") ausgeführt. Sie werden praktiziert nach dem Prinzip des Ziehens und Kippens bzw. Umkippens. Beim Uki-otoshi wird Uke über ein imaginäres Hindernis gekippt und geworfen. Beim Tai-otoshi trifft dies ebenfalls zu, denn das rechte Bein Toris sollte beim rechtsseitig ausgeführten Tai-otoshi keinenKontakt zur Hüfte oder zum rechten Bein des Gegners haben.

Die Schulterwürfe (Kata-waza) werden aufgeteilt in zwei Prinzipien. Entweder wird der Gegner angehoben oder ausgehoben, d.h. aus dem Gleichgewicht gebracht. Tori hat dabei einen engen Kontakt seines Rückens und mit seiner Schulter zur Vorderseite seines Gegners. Beim Schulterrad Kata-guruma hat Tori durch hinuntergehen in die Knie unterhalb des Körperschwerpunktes Hara eine enge Berührung zum Oberkörper von Uke.

Die Hüftwürfe (Koshi-waza) werden durch Kraftübertragung von Hüfte zu Hüfte ausgeführt. Tori, der Werfende, versucht, seinen Schwerpunkt unter den von Uke, den Geworfenen, zu bringen.

Die Körperwürfe (Sutemi) sind die sogenannten „Selbstopfer-Techniken", denn man gibt sein eigenes Gleichgewicht auf und auch seinen festen Stand, um mit Hilfe seines eigenen Körpergewichtes den Gegner zu Fall zu bringen.

1. Stufe IKKYO

DEASHI BARAI
HIZA GURUMA
SASAE TSURIKOMI ASHI
UKI GOSHI
OSOTO GARI
O GOSHI
OUCHI GARI
SEOI NAGE

R. Otto wirft mit Sasae Tsurikomi Ashi

1. STUFE DEASHI BARAI

Der Go Kyo gemäß sollte man als erste Technik des Judo-Unterrichts Deashi Barai lernen. Die Fallschule ist relativ leicht, die Ausführung steht deutlich auf dem Grundprinzip des Judo, d. h. während der leichten Schrittbewegungen bereitet man das Gleichgewichtbrechen vor, ohne es den Partner merken zu lassen. Zuletzt wird der Ansatz des blitzschnellen Fußfegens ausgeführt.

In den alten Ju Jutsu-Schulen kämpfte man meistens in gebückter Haltung, wobei die Arme in die Achselhöhle des Partners gesteckt wurden. Deswegen konnte man keine leichte und schnelle Technik, wie z. B. Deashi Barai ausführen. Die Reform von Jigoro Kano brachte den bedeutenden Fortschritt, daß man die unbewegliche, gebückte Haltung durch die geradestehende, natürliche Haltung als Grundstellung ersetzte. Diese Haltung ist die Ausgangsposition schneller Aktionen und ermöglicht gleichzeitig unbegrenzte Reaktionsfähigkeit. Wörtlich übersetzt heißt Deashi Barai „Fegen gegen den vortretenden Fuß", wobei man den vortretenden Fuß des Partners mit der Fußsohle fegt. Man legt die Fußsohle an den äußeren vortretenden Fußknöchel des Partners und fegt in dessen Laufrichtung weiter. Das Wichtigste bei Deashi Barai ist, den richtigen Moment zu wählen, wo der Partner sein Gewicht von einem Fuß auf den anderen überträgt und sein Fuß gerade die Matte berührt. Das Fegen soll nicht zu früh oder zu spät erfolgen. Es muß in dem Moment durchgeführt werden, wo der Partner sein Gewicht kaum noch auf seinen vorderen Fuß legt. Diesen Zeitpunkt in der Praxis zu wählen ist ziemlich schwer, und deshalb wird Deashi Barai für eine der schwierigsten Technik in der Judo-Praxis gehalten. Wenn man aber einmal diese Technik beherrscht, kann man mit ihr ohne weiteres einen Riesen durch die Luft fliegen lassen.

Ausführungen

Wenn der Partner mit seinem rechten Fuß vortritt

Tsukuri — Vorbereitung
Wir ziehen mit unserer rechten Hand den Partner leicht vor und gehen mit dem rechten Fuß zurück, so daß unser Körper etwas nach rechts gedreht wird. Der Partner macht dadurch mit seinem linken Fuß einen größeren Schritt und setzt danach den rechten Fuß unwillkürlich vor, um die natürliche Position zu halten, da die weitstehende Fußposition für ihn gefährlich ist. Gerade dieser Moment ist der des Ansatzes. Er zieht den rechten Fuß unbewußt schnell vor und kann nicht ahnen, daß wir auf diesen Vortritt gewartet haben.

Kake — Ansatz
Wenn der Partner mit seinem rechten Fuß vortritt und kaum die Matte berührt, stellen wir schnell unsere linke Fußsohle auf seinen Knöchel und fegen mit zunehmender Kraft, wobei wir den kleinen Zeh nach innen spannen und das Bein strecken. Wir schie-

ben das Bein bis zum letzten Moment vor und ziehen dabei die linke Hand, die den Ärmel des Partners faßt, kurz nach unten und lassen den Partner mit Schwung stürzen.

Anmerkungen zu Tsukuri
1. Wir stehen grundsätzlich gerade in der natürlichen Haltung Shizentai.
2. Wir bewegen uns als Vorbereitung besonders viel vorwärts und rückwärts.
3. Durch eigenes Körperdrehen, lassen wir den *linken* Fuß des Partners vortreten. Es gibt einen Ausdruck: „Wir öffnen den Körper", d. h. unsere parallele Position gegenüber der schrägen Position des Partners ändern. Dadurch muß der Partner seinen vorletzten Schritt vergrößern. Dabei sollen wir unsere ziehende rechte Hand etwas lockern und einen kurzen Moment verharren, bis der Partner mit seinem rechten Fuß vortritt.
4. Wir stellen unseren rechten Fuß in die Wurfrichtung (nach rechts).

Anmerkungen zu Kake
1. Wir stellen unsere linke Fußsohle unter den Fußknöchel des Partners.

1. STUFE DEASHI BARAI

2. Wir dürfen beim Fegen dem Partner nie weh tun. Unser Fuß wird anfangs mit Sorgfalt angestellt und fegt anschließend.
3. Beim Fegen sollen wir die Hüfte nicht beugen, sondern bringen diese in die Wurfrichtung, so daß wir die Kraft des ganzen Körpers einsetzen können.
4. Nach dem Wurf sollen wir die linke Hand nicht loslassen. Wir unterstützen die Ukemi des Partners und verlieren gleichzeitig nicht die letzte Kontrolle.

Andere Ausführung

Es gibt eine Situation, in der wir schräg gegenüber dem Partner stehen und die rechte Körperseite „offen" ist. Der Partner neigt dazu, nach links zu schreiten, wobei sein rechter Fuß stets gerade vor unserem Körper bleibt. Wenn er weiter schräg-seitwärts oder rückwärts geht, bleibt sein rechter Fuß vor uns stehen, auf dem noch sein Körpergewicht lastet. Sobald er beginnt, diesen Fuß nachzurücken, treten wir schrägrechts mit unserem rechten Fuß vor und fegen unterwegs mit dem linken Fuß den rechten des Partners. Da wir mit unserem ganzen Körper in diese Aktion eintreten können, ist sie oft sehr erfolgreich. Diese Ausführung stellt eine Okuriashi Barai ähnliche Art dar. Wird der Fuß des Partners gerade zu seinem linken Fuß nachgefegt, kann man es Okuriashi Barai nennen.

Verteidigung

Erfolgt das Fegen des Angreifers zu spät, können wir unser ganzes Körpergewicht auf beide Füße verlagern und verteidigen. Kurz danach können wir im Gegenteil mit eigener Technik angreifen.

Kontertechnik

Wenn der Partner zu früh fegt, ziehen wir den angegriffenen Fuß zurück, wobei der Unterschenkel zur Abwehr leicht gebeugt wird. Danach fegen wir sofort den Fuß des Partners, der vergeblich gefegt hat und gerade zurückgestellt wurde. Diese Technik heißt Tsubame Gaeshi — Schwalbenwende. Sie wird als die höchste der Kontertechniken bezeichnet.

> „Der Körper ist die ausführende Tat,
> der Geist ist die lenkende Kraft,
> aber die Seele vereint beides miteinander."
> Gravur auf der Rückseite früherer Judo-Medaillen.

Hiza Guruma beruht auf dem einfachen Prinzip des Rades: Man blockt ein Knie des Partners, zieht seinen Oberkörper seitwärts-vorwärts und läßt ihn sich um diesen Drehpunkt (wie ein Rad) drehen. Um diese Technik perfekt zu beherrschen, braucht man lange Übung, jedoch ist es immer noch sehr schwer, mit dieser Technik einen vollen Punkt zu erreichen. Sie wird als eine Übergangstechnik gestaltet, wobei man zunächst das Gleichgewicht des Partners bricht und dann weiter zu einer anderen Technik übergeht. Hiza Guruma eignet sich auch zur Schulung der Ukemi. Die Koordination des ganzen Körpers und die Bewegungsabstimmung zwischen zwei Partnern werden dadurch erlernt. Die Richtungsänderungen während der Bewegung werden durch diese Technik ebenfalls vermittelt. Für Anfänger ist es gar nicht leicht, bei Hiza Guruma eine technische Perfektion zu erreichen, ebenso wie bei der Ukemi. Die ersten drei Techniken der Go Kyo verlangen eigentlich keine vollendete Ausführung, d. h. hoch und rund zu werfen, sondern es genügt, wenn der Schüler von der tieferen Position seitwärts geworfen wird und er bei der Ukemi seinen Kopf schützen kann. Diese drei Techniken sollten in diesem Sinne ausgewählt und verstanden werden. Alle Ukemi haben in der Judo-Praxis einen bestimmten Charakter. Man landet letztlich schräg-seitlich auf der Matte, weil unser Körper allgemein auf der Seite den Aufprall besser vertragen kann. Um einen Schock zu vermeiden, dürfen wir keinesfalls flach auf den Rücken geworfen werden.

Ausführungen

Wenn der Partner mit seinem rechten Fuß vortritt

Tsukuri – Vorbereitung
Während der Schrittbewegungen treten wir ein paar Schritte zurück. Wenn der rechte Fuß des Partners vorwärtskommt, versetzen wir den rechten Fuß nach rechts-außen, wobei wir die Zehen nach links richten und uns links drehen.

Kake – Ansatz
Während der Körperdrehung, stellen wir unseren linken Fuß an die äußere Knieseite des Partners, wobei das ganze Bein gestreckt wird. Beide Hände ziehen gleichzeitig nach links-außen, wodurch sich der Partner um seinen Drehpunkt (Knie) schrägvorwärts oder seitwärts dreht.

Anmerkungen zu Tsukuri
1. Wir wählen den richtigen Zeitpunkt zum Angriff, wenn der Partner seinen Fuß weiter nach vorne setzen will, um die Balance zu halten, da wir zurücktreten.

1. STUFE HIZA GURUMA

2. Dreht sich der Partner nach rechts (Kreisbewegung), können wir auch mit diesem Prinzip angreifen. Wir brauchen nur mit dem Fuß zu blockieren.

2. Wir ziehen mit der linken Hand nach außen, dann zum eigenen Körper. Unsere rechte Hand drückt nach links in die Wurfrichtung.

Anmerkungen zu Kake
1. Beim Fußansatz sollen wir unseren Fuß strecken und die Zehen etwas nach innen richten, an die äußere Oberschenkelseite des Partners setzen und bis an sein Knie gleiten lassen.

Andere Ausführung
Wenn der Partner mit seinem rechten Fuß zurücktritt
Wenn man den Partner mit der linken Hand zieht, tritt er manchmal ausweichend mit dem rechten Fuß zurück. Wir treten mit dem

Verteidigungen

1. Wenn der Angreifer mit seinem linken Bein ansetzt, drehen wir unseren Körper nach rechts und treten mit dem linken Fuß vor, wobei wir unsere „Kraft in den Bauch legen" und mit dem Unterkörper nach vorne drücken.
2. Wir greifen mit der Hand und dem Unterarm das Angriffsbein des Partners und sicheln mit unserem linken Bein sein Standbein.

Kombinationen

Nach dem Gleichgewichtbrechen durch Hiza Guruma können wir zu Uchi Mata, Hane Goshi, Harai Goshi usw. übergehen.

rechten Fuß vor und setzen mit dem linken Fuß an. Der Partner fällt seitwärts. In diesem Fall erreichen wir leicht die ideale Fußposition, wobei die Füße des Partners und unser Standbein auf einer geraden Linie stehen. Bleibt der Fuß des Partners lange Zeit zurückgestellt, und stellt er ihn anschließend nach vorne nach, setzen wir sofort nur mit unserem gestreckten Bein an. Stellt der Partner seinen Fuß nicht nach vorne nach, können wir auch ohne weiteres mit Hiza Guruma angreifen.

1. STUFE SASAE TSURIKOMI ASHI

Sasae Tsurikomi Ashi ist eine typische Fußtechnik des Judo im Sinne von Ausnutzung der Bewegungen des Partners: Man läßt den Partner vorwärtskommen. Anschließend blockiert man mit der Fußsohle seinen Fuß und läßt ihn vorwärtsstürzen. Zur Vorbereitung der Fußtechnik soll man besonders aktiv die Schrittbewegungen ausüben. Dadurch schafft man sich selbst die Gelegenheit zum Ansatz, denn durch die aktive Führung werden die Schrittbewegungen vorteilhafter. Der·Angriff selbst erfordert keine besondere Anstrengung und kein Risiko. Andererseits gerät man dadurch oft in die Lage, mit dem Fuß nur einen Scheinangriff ohne Erfolg zu wiederholen. Der Spezialist von Sasae Tsurikomi Ashi genießt die Dynamik der Fußtechnik — optimale Leistung durch minimalen Einsatz. Ein entscheidender vorbereitender Schritt, eine harmonische kurze Spannung und ein Schwung lassen letztlich den Angreifer das Gewicht des

1. STUFE SASAE TSURIKOMI ASHI

sink und Wim Ruska. Beide sind Holländer und Olympiasieger; ersterer in Tokio 1964 und letzterer in München 1972.

Yoshiaki Yamashita (1866–1935) war einer der Kodokan Shitenno – Vier Stützen des Kodokan – und einer der ersten Schüler von Kano. 1903 fuhr er nach den USA und unterrichtete den damaligen Präsidenten Roosevelt in Judo. Nach seinem Tode im Jahre 1935 wurde ihm als erster vom Kodokan der 10. Dan verliehen.

Ausführungen

Wenn der Partner mit seinem rechten Fuß vortritt

Tsukuri – Vorbereitung
Wir gehen ein paar Schritte zurück. Wenn der rechte Fuß des Partners nach vorne kommt, treten wir mit unserem rechten Fuß nach rechts-seitwärts, wobei die Zehen nach links gerichtet werden.

Kake – Ansatz
Sobald der Fuß des Partners auf die Matte kommt, stützen wir seinen Rist und Fußspann mit unserer linken Fußsohle. Gleichzeitig ziehen beide Hände nach außen und oben. In der letzten Phase bringen wir die Zughand bis zum eigenen Körper in Bauchhöhe. Dadurch dreht sich der Partner vollkommen und fällt in die Rückenlage.

Fallenden belastend, zugleich aber auch wohlfühlend spüren.
Jigoro Kano schreibt in seinem Buch „Judo Kyohon": „Diese Technik war die Spezialtechnik von Yoshiaki Yamashita*. Er hat mit dieser Technik erfolgreich gegen große Meister der alten Ju Jutsu-Schulen gekämpft" und eine entscheidende Rolle beim Ausscheidungskampf zwischen Judo und Ju Jutsu gespielt. Die Spezialisten in der jüngeren Judogeschichte sind Anton Gee-

Anmerkungen zu Tsukuri
1. Das Standbein (Zehen) soll von Anfang an in die Richtung des Wurfes gedreht werden, um das Drehen des Körpers nicht zu behindern.
2. Ist der Partner kleiner als wir selbst, steht unser Standbein außerhalb seiner Füße, ist es umgekehrt, steht das Standbein innerhalb. Je nach Körpergröße soll die Position des Standbeines reguliert werden.

1. STUFE SASAE TSURIKOMI ASHI

Anmerkungen zu Kake
1. Der Zug der linken Hand spielt die größte Rolle. Sie zieht waagerecht oder nach oben im Kreis. Ziehen wir nach unten, verteidigt sich der Partner, indem er die Knie beugt. Unsere rechte Hand begleitet die linke. Der rechte Ellenbogen wird gebeugt und die rechte Hand bleibt vor der Brust des Partners angelegt, wodurch eine Verteidigung des Partners unmöglich wird. Ansonsten kann sich der Partner nähern und seinerseits angreifen.
2. Der Fuß soll nur mit Sorgfalt angesetzt werden. Er darf nicht zu hoch und zu stark stoßen oder treten; es bereitet dem Partner nur Schmerzen und bringt keinen Erfolg.
3. Der kleine Zeh wird nach innen gebeugt und gespannt. Dadurch wird unser ganzes Bein angespannt und kontrolliert.
4. Der ganze Körper wird gestreckt und die „Kraft in den Bauch gelegt". Der Wurf wird mehr mit der Hüfte ausgeführt.

Andere Ausführungen
1. Wenn der Partner mit seinem rechten Fuß seitwärts tritt
Wir schwingen den Partner mit beiden Armen zu unserer linken Seite und lassen ihn einen großen Schritt nach außen-vorwärts treten. Dadurch vollzieht er eine halbe Kreisbewegung. Wenn sein Fuß auf die Matte kommt, blockieren wir mit unserem linken Fuß und ziehen den Partner weiter in die Kreisbewegung.
2. Angriff mit vorbereitender Drehaktion
Während unseres Rückwärtstretens drehen wir uns nach rechts, wobei wir den Partner mit der rechten Hand heranziehen. Seine Körperbalance ist links gebrochen, und er will seinen rechten Fuß vorsetzen, um sein Gleichgewicht zu halten. Gerade in diesem Moment machen wir mit unserem Standbein einen kleinen Schritt vor und stellen unseren linken Fuß an den herankommenden rechten Fuß des Partners.
3. Ausnutzung der Reaktion des Partners
Wir gehen vorwärts. Erhalten wir eine parallele Position zum Partner, treten wir weiter mit dem rechten Fuß neben den linken des Partners. Dabei richten wir unsere Zehen nach links, während die rechte Hand nach unten zieht (dadurch erhalten wir die Reaktion des Partners). Beginnt der Partner sein Gleichgewicht nach rechts zu verlagern, setzen wir unseren Fuß an. Dabei strecken wir den ganzen Körper und ziehen mit beiden Händen den Partner zu uns heran, wodurch sich unser Körper nach links rückwärts dreht.

Verteidigungen
1. Bemerken wir rechtzeitig den Ansatz des Fußes, beugen wir die Knie um abzuwehren.
2. Wir drücken den Körper des Angreifers sofort nach hinten.
3. Wir treten mit dem linken Fuß zum Standbein des Angreifers vor.

Kombination – Variation
Erreichen wir mit Sasae Tsurikomi Ashi auch keinen Sturz sondern nur ein Gleichgewichtsbrechen, können wir dennoch weiter zu Yokosutemi Waza – Selbstfalltechnik seitwärts – übergehen. Ansonsten kann nach dieser Technik zu jeder anderen Technik übergegangen werden.

Der Hüftwurf – Koshi Waza – nimmt innerhalb der Judo-Techniken eine Hauptrolle ein. Uki Goshi war während der Anfangszeit des Judo eine aktive Kampftechnik. Jigoro Kano war ihr Schöpfer und gebrauchte sie als seine Lieblingstechnik. Auch seine Schüler beherrschten Uki Goshi und gewannen damit in den zahlreichen Vergleichskämpfen zwischen alten Ju Jutsu-Schulen und neuem Kodokan Judo. Es waren für beide harte Existenzkämpfe, und anschließend dominierte Judo. Mit der Zeit aber, vielleicht wegen der Abwandlung der Trainingsmethode usw., hat Uki Goshi seine Aufgabe als Kampftechnik verloren und gilt für Wettkämpfe nur noch als historische Technik. Wie Jigoro Kano sie bei der Erklärung des Judo-Prinzips gerne benutzte, so lernen auch wir zur Zeit Uki Goshi als allererste fundamentale Hüfttechnik. Sie enthält die grundlegende Hüftanwendung aller Hüfttechniken, die im Judo die Hauptrolle spielen. Wir werfen den Partner mit Uki Goshi hauptsächlich durch Drehen der Hüfte, nachdem wir durch Hebezug das Gleichgewicht des Partners vollkommen vorwärts gebrochen haben.

Das Prinzip des Hüftwurfs beruht allgemein darauf, daß man während des ganzen Bewegungsablaufs nur gewisse Zeit mit dem Partner in Kontakt steht. Der Angreifer beginnt mit seiner Bewegung, holt Schwung und Kraft. In diesem Moment bekommt er Kontakt mit dem Partner, der gezwungen wird, die Bewegung mitzumachen, bis er hochgehoben wird. Anschließend läßt der Angreifer den Partner fallen und steht selbst sicher. Für diese vollkommene Ausführung benötigt man die vorbereitenden Bewegungen – Tsukuri –, wodurch der Partner gezwungen wird, sich zu bewegen, seine Balance verliert und keine Abwehrleistung mehr erbringen kann. Uki Goshi hat als Hüfttechnik die kürzeste Kontaktzeit mit dem Partner. Sie könnte schon als ein Schwung gelten, wie ihre freie deutsche Übersetzung „Hüftschwung" zeigt, obwohl sie wörtlich „Hüftschweben" heißt. Durch Uki Goshi lernt man besonders anschaulich die Prinzipien von Tsukuri – Vorbereitung – und Kake – Ansatz – kennen.

Ausführungen

Wenn der Partner mit seinem rechten Fuß vortritt

Tsukuri – Vorbereitung
Während der Schrittbewegungen treten wir absichtlich einen halben Schritt rückwärts. Der Partner macht einen vollen Schritt vorwärts, da er annimmt, daß wir einen normalen Schritt ausüben wollten. In diesem Moment heben wir mit beiden Händen den Partner schräg-vorwärts hoch, so daß er auf seine Zehen zu stehen kommt und seine Körperbalance vollkommen verliert.

1. STUFE UKI GOSHI

Kake — Ansatz
Wir lassen die rechte Hand los und schwingen den ganzen Arm zum Rücken des Partners. Gleichzeitig drehen wir den rechten Fuß und stellen uns innen neben die Füße des Partners. Dabei stellen wir unseren Fuß parallel zwischen seine Füße. Unser linker Fuß begleitet das Eindrehen. Dann führen wir den rechten Arm unter dem Arm des Partners zu seinem Rücken, drücken seinen Rumpf auf unsere Hüfte (Rücken) und drehen unseren ganzen Körper kurz nach links. Wir halten mit der linken Hand den Ärmel des Partners bis zum letzten Moment der Ausführung fest, damit der ganze Wurf unter unserer Kontrolle bleibt.

Anmerkungen zu Tsukuri
1. Der Hebezug zum Gleichgewichtbrechen — Kuzushi — soll vom Partner nicht bemerkt werden; er soll beim Vortreten des Partners schon ausgeführt sein.
2. Weder unser rechter noch der linke Fuß sollen außerhalb der Füße des Partners gestellt werden. Wenn wir einen zu breiten Fußabstand haben, können wir beim Wurf nicht mehr drehen.

Anmerkungen zu Kake
1. Bevor wir den Arm schwingen und uns dem Partner nähern, verlagern wir unsere rechte Schulter etwas nach unten, jedoch bleibt der Rücken aufrecht.
2. Wir greifen mit der rechten Hand nicht den Gürtel, sondern drücken lediglich mit der Handfläche auf den Rücken des Partners. Der ganze Unterarm soll parallel auf den Gürtel gelegt werden.
3. Beim Wurf erhöhen wir etwas unsere Hüfte, drehen unseren Körper völlig nach links und bringen den Partner vor unseren Körper. Beugen wir dabei die Hüfte, wird die Technik O Goshi ähnlich.
4. Das Kopfdrehen leitet den gesamten Bewegungsablauf. Anschließend wird der Kopf nach links-unten und zum Körper des Geworfenen gerichtet.

 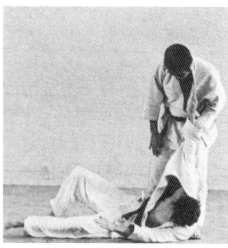

Andere Ausführungen

1. Wenn der Partner mit seinem rechten Fuß zurücktritt
Wir begleiten mit unserem rechten Fuß den Rücktritt des Partners, wobei wir allerdings nur vor ihn treten. Da wir uns nicht einzudrehen brauchen, erreichen wir mit dem Partner einen schnelleren Kontakt; anschließend drehen wir weiter wie in oben beschriebener Ausführung.

2. Wenn der Partner mit seinem linken Fuß vortritt
Wir lassen unseren rechten Fuß vorne stehen. Dadurch kommt der Partner zu uns heran. Unsere rechte Hand schwingen wir zu seinem Rücken, wodurch nur eine halbe Eindrehung benötigt wird.

3. Ausnutzung der Reaktion des Partners
Jigoro Kano erzählt über Uki Goshi: „Um in Uki Goshi hineinzukommen, soll man sich eindrehen, während man den Körper des Partners nach hinten drückt. Dadurch kommt die Reaktion des Partners zurück, der durch den Druck nach hinten gezwungen ist, sich nach vorne anzulehnen."

Verteidigungen

1. Bemerken wir zeitig den Ansatz zum Wurf, sperren wir den Arm des Angreifers. Dabei brauchen wir nur die eigene Achselhöhle zu schließen und den Unterarm an die Körperseite drücken.
2. Bevor der Angreifer die Hüfte dreht, können wir über seine Hüfte vorne eindrehen und überspringen.
3. Wir drücken den Partner nach linksrückwärts, dadurch wird seine Balance gebrochen.

Kontertechnik
Wir können mit Utsuri Goshi usw. kontern.

1. STUFE OSOTO GARI

Osoto Gari ist eine alte Judo-Technik und wegen ihres dynamischen Charakters in Japan sehr populär. Wer Judo trainiert, lernt in seiner aktiven Zeit auch einmal diese Technik. Zu jeder Zeit tauchen Osoto Gari-Spezialisten auf, mit verbesserten technischen Ausführungen; so bleibt Osoto Gari eine der Techniken, die im Kampf erhält die Willenskraft zum Sieg, da man trotz des Risikos eine Technik durchzuführen wagt, was als eine der wichtigsten geistigen Einstellungen beim Judo verlangt wird.

immer eine Hauptrolle spielen werden. In Europa ist sie jedoch noch nicht so beliebt, obwohl ihre Ausführung nicht sehr schwierig ist. Man braucht nur im richtigen Moment die Entscheidung zum Angriff und eine Durchführung ohne Zögern. Wenn man mit Osoto Gari richtig wirft, wird der Partner blitzschnell nach rückwärts auf die Matte geworfen. Dabei besteht aber auch die große Gefahr des Konterns. Vielleicht ist dies der Grund, warum diese Technik bei einigen Kämpfern nicht sehr beliebt ist.

Bei Osoto Gari lernt man das Grundprinzip der Koordination aller Gliedmaßen kennen. Außerdem wird die schnelle Aktion aus der Ausgangsposition zum Wurf geschult. Man

Ausführungen

Wenn der Partner in der normalen Standposition steht

Tsukuri — Vorbereitung
Wir ziehen mit beiden Händen den Partner zu uns heran und stellen unseren linken Fuß neben seinen rechten. Danach stellen wir das rechte Bein gestreckt neben die Beine des Partners. Während beide Oberkörper Kontakt erhalten, umfaßt unser rechtes Bein den rechten Oberschenkel des Partners von außen. In diesem Moment verliert der Partner seine Balance.

Kake — Ansatz
Wir beugen unseren Oberkörper vorwärts, wobei beide Hände angezogen bleiben. Anschließend führen wir unseren Kopf weiter nach unten, während unser Bein nach

rückwärts-oben schwingt und das rechte
Bein des Partners wegsichelt.

Anmerkungen zu Tsukuri

1. Es gibt verschiedene Angriffsmöglichkeiten, aber im allgemeinen wird angegriffen, wenn die Balance des Partners seitlich-
rückwärts gebrochen ist.
2. Bevor wir Körperkontakt mit dem Partner erhalten, beugen wir beide Arme und
ziehen den Partner zu uns heran. Dadurch
erreichen wir seine Reaktion nach hinten
auszuweichen, wodurch wir uns ihm ohne
sein Wissen annähern können.
3. Beim Zug sollen wir unsere rechte Hand,
die den Jackenrand des Partners hält, zum
eigenen Körper drehen, wobei der Handrücken zu unserer rechten Gesichtshälfte
kommt.
4. Mit der linken Hand heben wir den
Ellenbogen des Partners bis zur Schulter-
höhe hoch und ziehen ihn nach außen.
Anschließend halten wir den Arm des Partners an unserem Körper fest.
5. Der Kopf des Partners soll die Vor- und
Rückwärtsbewegungen, die durch den Zug
hervorgerufen werden, mitmachen; sonst
besitzt der Partner mehr Kontermöglichkeiten.

6. Unsere rechte Gesichtshälfte bleibt in
der Nähe der Schulter des Partners, damit
die Kraft zum Wurf im Oberkörper erhalten
bleibt.
7. Das Vortreten unseres Standbeines zeigt
in die anschließende Wurfrichtung, dabei
schleift die Fußsohle leicht die Matte. Die
Fußspitzen sollen nicht gehoben werden.

Anmerkungen zu Kake

1. Der Wurf wird hauptsächlich durch Beugen des Operkörpers ausgeführt.
2. Die rechte Fußspitze wird während des
Angriffs nach unten gerichtet und das ganze Bein wird gestreckt.
3. Unsere Hüfte wird weit an der Hüfte des
Partners vorbeigeschoben.
4. Beim Wurf sollen wir den Kopf, wie bei
einer Rolle vorwärts, kräftig nach unten ziehen.
5. Nach dem Ansatz des rechten Beines
wird das Standbein zur Regulierung manchmal nachgezogen. Das Standbein muß gebeugt sein, damit es beweglicher bleibt.
6. Es gibt noch eine besonders erfolgreiche
Art des Sichelns: Beim Angriff winkeln wir
das rechte Bein und heben es hinter dem
Bein des Partners an. Anschließend wird

1. STUFE OSOTO GARI

es kräftig nach unten-rückwärts gestreckt, wobei die Fußspitze ebenfalls nach hinten gestreckt wird. Dadurch erreichen wir eine kräftige und schnellere Beugung des Oberkörpers.

Andere Ausführungen

1. Wenn der Partner mit seinem rechten Fuß vortritt
Wir treten mit unserem linken Fuß halblinks nach außen und ziehen den Partner mit beiden Händen zu uns heran. Anschließend halten wir mit der linken Hand den Arm des Partners fest, während die rechte Hand den Zug im Halbkreis vorwärts weiterführt. Durch das Vortreten unseres rechten Beines verlagern wir unser Gleichgewicht nach vorne und erhalten genügend Schwung, um die Beine des Partners von außen wegzusicheln.

2. Wenn der Partner mit seinem rechten Fuß zurücktritt
Wir begleiten mit unserem linken Fuß den rechten des Partners. Gleichzeitig ziehen wir mit beiden Händen den Partner zu uns heran, so daß seine Balance rechts-seitlich gebrochen wird. Wir beugen unseren Oberkörper vor, um das rechte Bein des Partners zu belasten. Nach dem Ansatz des rechten Beines wird unser Standbein ein bißchen nachgezogen und der Oberkörper gleichzeitig noch stärker gebeugt.

3. Wenn der Partner mit dem linken Fuß vortritt
Wir ziehen den Partner mit der rechten Hand zu uns heran. Anschließend wird dieser Zug im Halbkreis, von rechts nach links, weitergeführt, wobei sich der Partner in seiner Abwehrreaktion zurücklehnt. In diesem Moment sicheln wir möglichst schnell den *Unterschenkel* des Partners und stoßen ihn gleichzeitig nach hinten.

Verteidigungen und Kontertechniken
1. Wenn wir den Angriff zeitig bemerken,

ziehen wir unser rechtes Bein weit zurück, beugen uns schnell mit dem Oberkörper nach vorne und senken so unsere Schulter in Bauchhöhe des Partners.
2. Hat der Partner mit uns schon Körperkontakt erhalten, können wir unseren Körper nach links drehen und das Gewicht auf das andere Bein verlagern. So sichelt der Partner umsonst; hat man selbst noch genügend Zeit, kann man mit Harai Goshi kontern.
3. Wird der Angriff des Partners zeitig bemerkt, ziehen wir ihn fest zu uns heran und werfen selbst mit Osoto Gari.
4. Werden wir mit Osoto Gari angegriffen, sicheln wir sofort mit der linken Fußsohle das Standbein des Partners von hinten (wie Tani Otoshi).
5. Bemerken wir zeitig einen Osoto Gari-Angriff, lassen wir den Partner ruhig weiter ansetzen, bereiten aber selbst eine Kontertechnik durch Beugen und Vertiefen der Hüfte vor. Dabei umfassen wir von unten-außen mit dem linken Arm den Oberschenkel des hochansetzenden Angriffsbeines und heben den Partner aus (Te Guruma).

Kombinationen
1. Vom Osoto Gari-Ansatz können wir weiter, durch eine Körperdrehung, zu Harai Goshi übergehen und umgekehrt.
2. Nach dem Sicheln, wenn das Bein des Partners angehoben bleibt, können wir sofort das eigene Standbein wechseln und mit dem freigewordenen Fuß den Fuß des Partners von hinten sicheln, d. h. Ni Dan Kosoto Gari = Zweistufiger Kosoto Gari.

Variationen
1. Von Osoto Gari können wir weiter mit Osoto Makikomi variieren.
2. Als Variation gibt es eine ähnliche Technik, die Osoto Otoshi heißt. Bei diesem Wurf wird das Bein nicht gesichelt, sondern beim Druck des Oberkörpers aufgesetzt.
3. Eine weitere Variation ist Osoto Gurama (lesen Sie die komplette Beschreibung als erste Technik in der 5. Stufe).

Zur Einführung in die Judo-Techniken lernt man O Goshi als Grundtechnik neben Uki Goshi.

In O Goshi ist das fundamentale Element aller Hüfttechniken enthalten: Man trägt den Partner erst auf der Hüfte (Rücken) und wirft ihn dann mit dem Schwung des ganzen Unterkörpers. Dabei beugt man die Knie und bringt den eigenen Körper unter den Schwerpunkt des Partners. Allgemein heißt das im Unterricht „den eigenen Gürtel unter den des Partners bringen". Bei der Ausführung des Wurfes werden beide Beine als Standbeine benutzt, wie bei Seoi Nage und Tsurikomi Goshi. Dadurch wird die sichere Durchführung gewährleistet. Deshalb bleibt dieser Wurf nicht nur eine Grundtechnik, sondern wird auch als Spezialtechnik von Kämpfern kleinerer Statur gegen größere benutzt, die mit dieser „großen Technik" vorteilhaft werfen können. Kleinere haben gegenüber Größeren einen tieferen Schwerpunkt. Sie brauchen nur einzudrehen, um einen vorteilhaften Kontakt zur Hüfte des Partners zu bekommen. Bei der normalen Ausführung ist jedoch das starke Kniebeugen erforderlich, das allgemein als erste Voraussetzung für die Hüfttechniken gilt.

Ausführungen

Wenn der Partner die Verteidigungsposition (Jigo Tai) hält

Tsukuri — Vorbereitung
Wir legen unsere rechte Hand hinter den Rücken des Partners und ziehen die linke Hand zum Körper. Mit der rechten Hand pressen wir den Partner zu uns heran.

Kake — Ansatz
Dem Partner ist diese Lage zu unsicher; deshalb richtet er seinen Oberkörper auf. In diesem Moment ziehen wir mit unserer rechten Hand den Rumpf des Partners zu uns heran. Dann beugen wir stark die Knie und drehen vor dem Partner ein. Gleichzeitig drücken wir mit der rechten Hand seinen Körper zu unserem Rücken. Anschließend strecken wir die Knie, heben den Partner mit unserer Hüfte (Gesäß) hoch und lassen ihn dann über unseren Körper vorwärtsfallen.

Anmerkungen zu Tsukuri
1. Wenn wir mit beiden Händen ziehen, um mit dem Partner in Kontakt zu kommen, müssen wir die Knie etwas beugen, damit unsere eigene Sicherheit gewährleistet ist, denn der Partner könnte eher angreifen als wir.
2. Legen wir unsere rechte Hand nicht weit genug auf den Rücken, bekommen wir mit der Hand den Gürtel des Partners zu fassen (Tsuri Goshi).
3. Um den Körperkontakt zu halten, spielt die rechte Hand die Hauptrolle.

41

1. STUFE O GOSHI

Anmerkungen zu Kake

1. Bis zum letzten Moment des Eindrehens müssen wir die Knie gebeugt halten, sonst können wir im entscheidenden Moment für den Wurf keinen Schwung mehr finden. Der Fußabstand ist etwas enger als die Schulterbreite.

2. Den Oberkörper halten wir senkrecht; erst beim Wurf beugen wir ihn vor. Wir werfen nicht mit dem Schwung des Beugens, sondern drücken unsere Hüfte nach hinten; dadurch wird der Partner hochgehoben.

3. Beim Eindrehen müssen wir mit der linken Hand solange zu unserem Körper ziehen oder drücken, daß der Partner seine rechte Hand nicht loslassen und in der Rückenlage die Technik verteidigen kann.

4. Zu Beginn des Wurfes ziehen wir den Körper des Partners nach oben.

Andere Ausführung

Ausnutzung der Reaktion des Partners

Wir drücken den Partner mit unserer rech-

Partner mit solchen Hüfttechniken eindrehen will.

2. Genauso wie beim oben beschriebenen linken O Goshi können wir beim Zurückdrehen nach einem mißlungenen Angriff des Partners mit O Goshi angreifen. Bevor der Partner zur natürlichen Haltung (Shizen Tai) zurückkehrt, drehen wir mit unserer Hüfte ein. Auch wenn man die linken Techniken nicht beherrscht, kann man dennoch den linken O Goshi ausführen, weil die Kontrollhand, die normalerweise das Revers des Partners hält, das eigene Eindrehen nicht stört, wie das bei anderen Hüfttechniken meistens der Fall ist.

Verteidigungen
1. Wenn der Partner angreift, können wir unseren Schwerpunkt vertiefen und vortreten. Wir drehen die Hüfte nach rechts, damit wir uns vom Zug des Partners losreißen können.
2. Wir können zur Verteidigung die Knie stark beugen und den Rumpf des Partners einfach hochziehen.
3. Wie bei der Uki Goshi-Abwehr können wir während des Wurfes über die Hüfte des Partners vorne eindrehen und ausweichen.

Variationen
Als Variationen können wir von O Goshi zu den Selbstfalltechniken seitwärts — Yoko Sutemi Waza —, wie z. B. Uki Waza, Yoko Guruma, Yoko Wakare usw. übergehen.

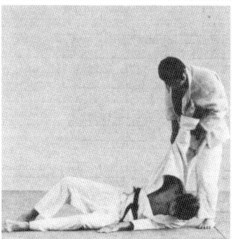

ten Hand nach hinten. In diesem Moment beginnen wir einzudrehen. Kommt der Oberkörper des Partners als Reaktion auf unser Drücken zurück, sind wir mit dem Eindrehen bereits fertig.

Ausführungen mit linkem O Goshi
1. Wenn der Partner mit den Hüfttechniken, wie z. B. Hane Goshi, Tsurikomi Goshi usw. anzugreifen beginnt, können wir mit *linkem* O Goshi früher als er eindrehen. In diesem Fall müssen wir vorher ahnen, daß der

1. STUFE OUCHI GARI

Ouchi Gari ist eine der erfolgreichsten Fußtechniken im Kampf. Wir nutzen die eigene Vorwärtsbewegung aus, da unsere körperliche Konstitution dafür geeignet ist und sich eine Rückwärtsbewegung wesentlich nachteiliger für diese Technik auswirkt. Die Technik ist in der Judogeschichte relativ neu. Im Lehrbuch von Jigoro Kano, das in den zwanziger Jahren erschien, wird Ouchi Gari noch nicht erwähnt. Ouchi Gari wurde erst in jüngerer Zeit, während der zahlreichen Wettkämpfe, entwickelt. Um die Technik erfolgreich anwenden zu können, muß sie genügend vorbereitet sein. Diese Vorbereitung — Tsukuri — kann nur im Kampf aufgebaut werden. Deshalb war die technische Vollendung erst nach langer Wettkampferfahrung möglich. Im modernen Judo ist Ouchi Gari unentbehrlich geworden. Da nicht nur die Angriffstechniken, sondern alle Bewegungen (die gesamten Abwehrtechniken) verfeinert wurden, ist der direkte Angriff einer „großen Technik" nicht mehr wirkungsvoll. Jeder der zur Zeit anerkannten Kämpfer beherrscht diese Technik mehr oder weniger als einleitende Technik zu größeren Würfen.

Ausführungen

Wenn der Partner einen breiten Fußabstand oder die Verteidigungsposition (Jigo Tai) hält

Tsukuri — Vorbereitung
Wir ziehen mit unserer linken Hand den rechten Arm des Partners zu uns heran, wobei sich die linke Hand und der Ellenbogen des Partners unserer linken Schulter nähern. Die rechte Hand hilft diesem Zug nach. Sie wird jedoch nur am Handgelenk zurückgedreht und der Ellenbogen an der Brust des Partners nach unten gebeugt. Wir ziehen zunächst die andere Körperseite als die, die wir anschließend wirklich angreifen. Wir ziehen den Partner an seinem rechten Arm nach oben, so daß er in seiner Reaktion gezwungen ist, sein Körpergewicht auf den linken Fuß zu verlagern. Erst in dieser Situation greifen wir sein linkes Bein an.

Kake — Ansatz
Ohne daß wir die angezogenen Hände lösen, nähern wir uns dem Partner, wobei

der Wechselschritt ausgeführt wird: Wir treten mit dem rechten Fuß vor, die Zehen zeigen nach links. Der linke Fuß wird herangezogen und hinter den rechten gestellt. Zuletzt bringen wir die rechte Ferse hinter die linke des Partners und sicheln dabei seinen Fuß in einer Kreisbewegung von innen nach außen. Der Partner stürzt mit gestrecktem Körper nach rückwärts. Erst während des Sturzes drücken wir mit der rechten Hand den Oberkörper des Partners nach unten, um die Wirkung des Wurfes zu erhöhen.

Anmerkungen zu Tsukuri
1. Durch den Zug der linken Hand muß unser Oberkörper parallel zum Partner kommen. Wenn man ohne Zug sichelt, steht man schräg zum Partner. Diese Lage ist äußerst gefährlich, da die Balance des Partners nicht gebrochen wird und er sehr leicht kontern kann. Der Partner muß durch den Zug der linken Hand gezwungen werden, sein Körpergewicht auf den linken Fuß zu verlagern. Somit baut Ouchi Gari völlig auf die psychische und physische Wirkung.
2. Vor dem Angriff beugen wir die Knie, um uns im Stand beweglich zu halten.

3. Den rechten Ellenbogen sollen wir nicht nach außen richten, sonst verlieren wir die eigene Balance und die Kontrolle beim Wurf. Wenn der Ellenbogen richtig gebeugt bleibt, können wir im letzten Moment den Partner stoßen. Jedoch darf nicht zu früh gestoßen werden, da der Partner sonst den Fuß heben und ausweichen kann.

Anmerkungen zu Kake
1. Beim Sicheln soll unsere Ferse mit Wade, Kniekehle und Oberschenkel des Partners Kontakt halten.
2. Wir schieben den Fuß des Partners nach außen, damit sein Fußabstand verbreitert wird.
3. Wir sicheln waagerecht von innen nach außen. Sicheln wir zu nahe zum eigenen Körper oder zu hoch, kann der Partner ausweichen und kontern.
4. Unser Kopf bleibt vor der rechten Brusthälfte des Partners. Verlagern wir ihn zu weit nach rechts, verlieren wir durch Kontertechnik.
5. Wir dürfen den Partner nicht zu früh drücken, damit er nicht den Fuß heben und ausweichen kann.

1. STUFE OUCHI GARI

Andere Ausführungen

1. Wenn der Partner die gebückte Position hält
Wir ziehen mit beiden Händen den Partner zu uns heran und treten zurück. Der Partner kommt ungern vorwärts; trotzdem sollen wir weiterziehen und mit Ouchi Gari angreifen.

2. Ausführung in der Kreisbewegung
Wir gehen nach links und stellen unseren linken Fuß zwischen die Füße des Partners, wobei er sich dem rechten Fuß des Partners nähert. Der Partner wird mit seinem linken Fuß nach links-vorwärts treten, zu unserer rechten Körperseite, wodurch er einen halben Kreis beschreibt. Anschließend ziehen wir mit der rechten Hand. Sobald der Partner seinen Fuß auf die Matte stellt und sein Körpergewicht auf den linken Fuß verlagert, können wir sicheln.

3. Wenn der Partner mit seinem rechten Fuß zurücktritt

Tritt der Partner nach rückwärts und lehnt sich zurück, begleiten wir diese Bewegung. Wir drücken unsere Hände zusammen und gleichzeitig gegen den Partner, so daß wir seine nach rückwärts gerichtete Position weiter verstärken und selbst nahe an ihn herantreten können.

Kontertechniken
1. Bringt der Ouchi Gari-Angriff des Partners keinen vollen Erfolg, können wir mit Fußtechniken (nur Fegen und Stützen) kontern.
2. Nach dem Ausweichen können wir mit Tomoe Nage kontern.

Kombinationen
Ouchi Gari – Kouchi Gari
Ouchi Gari – Uchi Mata
Ouchi Gari – Tai Otoshi usw.
Ouchi Gari – Harai Tsurikomi Ashi
Ouchi Gari – Seoi Nage
und umgekehrt

"Immer ist Leben auch kämpfen,
rechtes Leben also auch rechtes kämpfen.
Dies aber vermag in Wahrheit nur der Gereifte,
der am Ende siegt, ohne selbst noch zu kämpfen."
Professor Karlfried Graf von Dürckheim,
in: „Hara, die Erdmitte des Menschen".

Sucht man einen Repräsentanten der gesamten Judo-Techniken, müßte die Entscheidung auf Seoi Nage fallen. Seoi Nage ist die typische Judo-Technik, bei der man den Partner hoch durch die Luft wirft und ihn im wahrsten Sinne des Wortes aufs Kreuz legt. Seoi Nage wird besonders von jungen Leuten bevorzugt, weil es ihnen das Erlebnis des Judo vermittelt und ihrer körperlichen Konstitution gemäß ist. Wenn man jedoch diese Technik erst mit 20 Jahren beginnt, ist es normalerweise schon zu spät, sie noch als Kampftechnik zu beherrschen. Sie verlangt einen weichen, biegsamen Körper und ein unverzögertes, blitzschnelles Eindrehen zum Wurf. Beim Judo gilt generell, daß die technischen Prinzipien gelernt sein sollten, bevor der Judoka aufgrund seiner körperlichen Entwicklung an Elastizität verliert. Starke körperliche Kräfte allein genügen nicht zur Lösung der Probleme beim Wurf. Beim Angriff zum Wurf muß man erst den Körper entspannen; dadurch erhält man die Voraussetzung zum Schwung. Schultern und Arme müssen dabei entspannt sein, sonst verhindert der Judoka durch die eigene Körperspannung das Eindrehen. Besonders Morote Seoi Nage verlangt die soeben beschriebene Ausführung. Eine harmonische, geschmeidige Technik soll das Ideal des Judo sein und bietet die Gewähr für eine erfolgreiche Durchführung von Seoi Nage.

Die andere Art von Seoi Nage, Ippon Seoi Nage, kann man dagegen auch als Erwachsener lernen. Man zieht mit einer Hand den Partner kräftig zu sich heran, dreht sich ein und steht fest vor ihm. Anschließend läßt man den Partner über den Körper fallen. Diese Art der Technik eignet sich für athletische Menschen.

Seoi Nage fasziniert auch durch die aufrechte Körperhaltung beim und nach dem Wurf. Nach einer perfekten Durchführung der Technik bleibt der Werfende stehen. Gerade dies symbolisiert den vollkommenen Sieg im Judo und bringt gleichzeitig Sieg und Niederlage des Zweikampfes deutlich zum Ausdruck.

Ausführungen

Wenn der Partner mit seinem rechten Bein vortreten will

Tsukuri — Vorbereitung

Wir treten während dieser Bewegung weit zurück, so daß der Partner vorwärtstreten muß. Unsere linke Hand hebt den rechten Arm des Partners hoch, wodurch er zu einer anlehnenden Haltung vorwärts gezwungen wird. Die linke Hand bleibt dabei möglichst unter dem Ellbogen des Partners, die rechte Hand bleibt locker, um das Eindrehen des Körpers nicht zu behindern. Die gesamte Körperhaltung richtet sich nach schräg-links, damit unser späteres Eindrehen erleichtert wird. Beide Fersen sind

1. STUFE   SEOI NAGE

leicht angehoben, die Knie etwas gebeugt und federnd.

Kake — Ansatz
Wir drehen die rechte Fußspitze nach rückwärts und setzen den Fuß innen neben den des Gegners. Der linke Fuß wird nachgezogen, bis die linke Gesäßhälfte mit dem linken Oberschenkel des Partners Kontakt erhält. Während dieses Eindrehens beugen wir die Knie, jedoch halten wir unseren Oberkörper senkrecht. Zu Beginn des Eindrehens, drehen wir die rechten Handgelenke unter die Achselhöhle des Partners und schieben den Ellbogen nach außen. Nach erfolgtem Rückenkontakt drücken wir unser Gesäß und den Rücken stark nach hinten, wobei beide Hände zunächst hoch, anschließend vorwärts, dann nach unten und schließlich zu uns heran gezogen werden. Der Partner fällt so mit großem Schwung über unseren Kopf.

Anmerkungen zu Tsukuri

1. Der Zug zum Gleichgewichtbrechen — Kuzushi — soll vom Partner unbemerkt erfolgen und zwar als Weiterführung seiner Vorwärtsbewegung, d. h. zu Beginn soll man nicht zu stark ziehen.

2. Der Angreifer muß ein Ausweichen des Partners verhindern, indem er den Oberkörper weit vorzieht und ihn anlehnen läßt, wobei die Füße des Partners noch parallel stehen.

3. Die linke Hand faßt nach Möglichkeit den Ärmel unter dem Ellenbogen des Partners. Beim Zug werden die Handgelenke nach innen oder außen, auf alle Fälle aber nach oben-vorwärts gedreht, so daß der Ellenbogen des Partners hochgeschoben wird.

4. Die rechte Hand wird schon beim Zug etwas gedreht und der linken genähert.

Anmerkungen zu Kake

1. Nach dem Gleichgewichtsbrechen soll

1. STUFE SEOI NAGE

man sich mit Schwung vor dem Gegner eindrehen, wobei der Kopf zeitig in die Wurfrichtung zeigt.
2. Beim Eindrehen spielt das rechte Handgelenk eine große Rolle. Es muß kräftig eingedreht und die faustenden Finger zu uns herangezogen werden.
3. Wir tragen den Partner auf beiden Schulterblättern.
4. Unsere Zehen dürfen nicht gehoben werden, sondern das ganze Gewicht wird auf Zehen und Ballen gelegt.
5. Beim Wurf wird die Hüfte nicht mehr weitergedreht sondern gerade nach rückwärts gestoßen, wobei die Knie stark durchgedrückt werden.
6. In der Endphase erfolgt wiederum der Zug der Hände, um den letzten Schwung zu vermehren.

Andere Ausführungen

1a. Wenn der Partner mit dem linken Bein vorwärtstreten will
Wir können mit beiden Händen die Arme des Partners hochheben, wobei wir unsere gesamten Bewegungen nach links ausrichten, d. h. der Partner wird nach Möglichkeit dadurch fast zu einer Drehbewegung auf seinem rechten Fuß veranlaßt.

1b. Wenn der Partner mit seinem linken Bein nach schräg-links treten will
Wir ziehen den Partner nach links, so daß er eine Halbkreisbewegung ausführen muß. In der Endphase der Kreisbewegung beugen wir unseren rechten Arm und heben die linke Hand zum Zug. Anschließend beugen wir stark die Knie und senken unseren Oberkörper senkrecht zum Partner.

2a. Angriff in der Vorwärtsbewegung
Wir treten ein paar Schritte vor, so daß der Partner zu einer Rückwärtsbewegung gezwungen wird. Im letzten Moment stoppen wir diese Bewegung und entspannen unsere Arme. Der Partner verharrt unbewußt, wodurch wir uns blitzschnell eindrehen können.

2b. Ausnutzung der Reaktion des Partners
Wir treten vor wie bei 2a, strecken jedoch beide Arme und drücken dabei den Partner kurz nach rückwärts. Als Reaktion lehnt er sich nach vorne an.

2c. Oben genannte Technik 2b kann auch im Stand ausgeübt werden, wobei unser rechter Handballen die Brust des Partners kurz und stark nach hinten drückt.

2d. Während der Bewegungen oder im Stand schwingen wir beide Unterarme kurz nach rechts-außen. Dadurch erreichen wir eine Reaktion des Partners in unsere Drehrichtung, die unser anschließendes Eindrehen begünstigt.

2e. Vor dem Eindrehen können wir den Partner stark nach vorwärts-unten ziehen und unsere Arme nach dieser Aktion lockern. Dadurch lehnt sich der Partner in seine Ausgangsposition zurück. Diesen Moment nutzen wir aus und drehen uns ein.

Verteidigungen und Kontertechnik
1. Bemerken wir zeitig einen Seoi Nage-Angriff, drücken wir unsere Hüfte nach links vorwärts und ziehen die rechte Schulter des Angreifers stark nach links. Dadurch brechen wir das Gleichgewicht des Angreifers.
2. Wir beugen die Knie und treten einen halben Schritt vor. Dabei drückt die linke Hand den Rücken des Angreifers, während sich die rechte durch einen heftigen Ruck vom Zug des Partners befreit.
3. Wir klammern das linke Bein des Angreifers.
4. Wir treten nach rückwärts und ziehen den Oberkörper des Partners auf die Matte herunter.

Variationen und Kombinationen
1. Wenn der Partner zur Verteidigung vorwärtstritt und seinen Oberkörper beugt, kniet man sich mit dem rechten Knie auf die Matte und geht zu Seoi Otoshi über oder, ohne auf die Matte zu knien, zu Tai Otoshi.

Ippon Seoi Nage, links

2. Lehnt sich der Partner zur Verteidigung zurück, kombiniert man mit Kouchi Gari, Ouchi Gari, Osoto Gari usw.
3. Von Kouchi Gari, Ouchi Gari, Okuriashi Barai kann man zu Seoi Nage übergehen.

Ippon Seoi Nage
1. Wir können auf dem Prinzip von Seoi Nage noch eine weitere Art ausführen, Ippon Seoi Nage. Nach dem Gleichgewicht-

brechen mit der linken Hand lösen wir die rechte von der Jacke des Partners und führen sie unter seine rechte Achselhöhle bis zur Schulter. Wir müssen unbedingt die Jacke auf der Schulter greifen, um den Kontakt zwischen unserem Rücken und der Körperfront des Partners zu festigen. Wir können auch den Oberarm des Partners mit unserem Unterarm an unseren Körper pressen, wobei die rechte Hand gefaustet und zu uns gerichtet wird.

51

Kombination OUCHI GARI — SEOI NAGE

1. STUFE   SEOI NAGE

2. Mit der normalen Griffweise der rechten Hand können wir auch links angreifen, wobei wir die linke Hand unter der linken Achselhöhle des Partners zu seiner linken Schulter führen. Diese Ausführung ist besonders während des Kampfes günstig, weil beim rechten Zufassen unser linker Arm vom Partner nicht kontrolliert und gefaßt wird (s. Abb.).

Pi-Pa-Po, der Judo-Theoretiker, beim Unterricht.

Abbildung rechts:
Alfred Maier, ein 2-Meter-Mann (links),
der damalige mehrfache Deutsche und Europameister der All-Kategorie.

2. Stufe NIKYO

KOSOTO GARI
KOUCHI GARI
KOSHI GURUMA
TSURIKOMI GOSHI
OKURIASHI BARAI
TAI OTOSHI
HARAI GOSHI
UCHI MATA

A. Maier wirft mit linkem Harai Goshi

2. STUFE KOSOTO GARI

Im Go Kyo gibt es vier Techniken, die den Namen „Sicheln" — Gari (Kari) — tragen. Sichelt man das Bein des Partners mit dem ganzen Bein — mit der Rückseite des Beines —, nennt man es „großes Sicheln": Osoto Gari, Ouchi Gari. Sichelt man dagegen nur den Fuß des Partners mit der Fußsohle, heißt es „kleines Sicheln": Kouchi Gari, Kosoto Gari. :
Es ist selbstverständlich, daß man nur mit dem Fuß oder Bein allein den Partner nicht zu Fall bringen kann. Man braucht dazu einen vollen Einsatz des ganzen Körpers. Wenn man allgemein eine Chance zum „Sicheln" findet, bereitet man mit beiden Händen und der Bewegung des Körpers die Technik vor, ohne die Fußbewegungen zu stoppen. Danach nähert man sich dem Partner. Die anschließende Aktion soll mit einem eigenen Sturz des Körpers ausgeübt werden. Solange man selbst das Gleichgewicht hält, kann man den Partner nicht stürzen lassen. Man verliert unter Kontrolle das Gleichgewicht und erhält dadurch die Kraft zum Wurf. Umgekehrt könnte man in diesem Moment auch vom Partner geworfen werden, wenn die Vorbereitung — Tsukuri — nicht ausreichend war. Dies bildet auch einen interessanten Punkt des Judo: Eine

unvollkommene Technik kann einfach nicht bestehen, da sie zwangsläufig zur Niederlage führt. Angriff und Kontern beinhalten um Haaresbreite sowohl Sieg als auch Niederlage.
Im übrigen unterscheiden sich Kosoto Gari und Deashi Barai folgendermaßen: Bei Kosoto Gari setzt man seine ganze Körperkraft schon vor dem Einsatz des Fußes ein, während sie bei Deashi Barai nach dem Angriff des Fußes noch vermehrt wird; jedoch bleibt diese Aussage relativ. Die entscheidenden Unterschiede zwischen beiden Techniken bestehen im Moment des Fußansatzes und im Winkel beider Körper zueinander. Kosoto Gari wird angesetzt, nachdem das Körpergewicht des Partners auf seinen Fuß übertragen wurde, während bei Deashi Barai das Fußfegen einen Moment früher erfolgt, noch bevor der Partner seinen Fuß fest auf die Matte gestellt hat. Der Winkel beider Körper ist bei der ersten Technik „geschlossen" und bei der letzten „offen". Natürlich drücken „Sicheln" und „Fegen" den Unterschied besser aus.

Tsukuri — Vorbereitung
Erkennen wir die Absicht des Partners vorwärtszutreten, versetzen wir unseren linken Fuß nach außen. Anschließend stellen wir unseren rechten Fuß hinter den eigenen linken, wobei wir mit der linken Hand den Arm des Partners zu unserer linken Brust ziehen und festhalten, während wir mit der rechten den Partner zu uns heranziehen.

Kake — Ansatz
Wenn oder ehe das Körpergewicht des Partners auf seinen vorderen Fuß voll übertragen wird, stellen wir unsere linke Sohle auf seine Ferse, während wir unseren Körper strecken und nach vorne anlehnen. Im letzten Moment holen wir mit dieser Bewegung Schwung und sicheln nach rückwärts und dann nach oben. Wir ziehen bis zum Schluß mit beiden Händen, dadurch fällt der Partner neben unseren Körper nach rückwärts.

Anmerkungen zu Tsukuri
1. Der Zug beider Hände soll zusammen mit der Bewegung des Körpers ausgeführt werden. Wird er davon getrennt, bemerkt der Partner den Eingang.

2. Unser Standbein — rechter Fuß — steht außerhalb vom rechten Fuß des Partners, sonst stößt es mit den Füßen des Partners zusammen.

Anmerkungen zu Kake
1. Beim Sicheln stehen wir auf den Fußballen — Zehen —, sonst haben wir zuviel Stabilität und keine Kraft zum Schwung.
2. Beim Sicheln kann das Standbein etwas vortreten, um weiter Schwung zu holen.
3. Wir können mit der Fußsohle oder einfach mit der inneren Fußkante sicheln.
4. Manchmal müssen wir lang und waagerecht zur Matte sicheln. Dabei ziehen wir mit der linken Hand nach unten, um den Partner stürzen zu lassen.

Andere Ausführungen

1. Sicheln an dem zurückgestellten Fuß des Partners
Wir ziehen mit beiden Händen den Partner nach rechts-außen-rückwärts. Dadurch tritt der Partner mit dem linken Fuß vor, um schräg nach links auszuweichen. In diesem Moment beugen wir unsere Arme und ziehen den Oberkörper des Partners zu uns

2. STUFE   KOSOTO GARI

heran. Anschließend strecken wir das linke Bein und sicheln den zurückgebliebenen rechten Fuß zum eigenen Körper.

2. Wenn der Partner mit dem rechten Fuß zurücktritt
Wir begleiten mit unserem rechten Fuß diese Bewegung, wobei wir schon unseren linken Fuß vorwärtsheben. Diese Aktion wird wie ein Hineinspringen durchgeführt. Im letzten Moment lehnen wir unseren Oberkörper an und sicheln gleichzeitig.

Verteidigung, Variation und Kontertechnik
1. Wenn der Partner nach seinem Angriffsversuch durch Hüfttechniken zurückdrehen will, greifen wir sofort mit Kosoto Gari an.
2. Zur Verteidigung können wir unseren Oberkörper nach vorne anlehnen, bevor der Partner seinen letzten Körpereinsatz zum Angriff durchführen kann.
3. Wenn wir zeitig den Angriff bemerken, können wir mit jeder Hüfttechnik vorwärts eindrehen und kontern.

Kombination
Nach einem Kosoto Gari-Angriff, kann man leicht zur Bodenarbeit — Newaza — übergehen.

„Judo bedeutet etwa ‚Der sanfte Weg'.
Damit ist der Do-Begriff
jedoch noch nicht ausreichend erklärt.
Er bedarf einer längeren Interpretation,
da er engstens
mit dem buddhistischen Religionsleben
zusammenhängt,
und ganz besonders mit dem Zen,
einer der reifsten Formen östlicher Geistigkeit."
Ewald Hölker, Japan-Kenner.

Vergleicht man die Techniken mit den Waffen, können die größeren Techniken wie Uchi Mata oder Seoi Nage Schwert oder Degen, Kouchi Gari und Ouchi Gari Dolch oder Messer genannt werden. Schwert und Dolch unterscheiden sich nicht nur in ihrer Größe, sondern auch in der Kürze der Zeit bis zum Einsatz.

Wer seine Chance durch die größere Technik sucht, erfährt manchmal durch einen blitzschnellen Kouchi Gari-Angriff die bittere Niederlage. Im Wettkampf gibt es relativ wenige Angriffsgelegenheiten für größere Techniken, jedoch hat man bei jedem Schritt Angriffsmöglichkeiten zu Kouchi Gari. Andererseits ist für den Angegriffenen die Abwehr leicht, indem er sein Gewicht nur von einem auf den anderen Fuß zu verlagern braucht. Wenn man mit Kouchi Gari den Vollpunkt — Ippon — beabsichtigt, erspart man sich besser erfolglose Angriffe, die dem Partner die eigene Technik verraten, und konzentriert alle Kraft und Energie auf einen einmaligen Angriff, der den vollen Erfolg garantiert. Dafür muß man den richtigen Zeitpunkt wählen und den Angriff kurz aber ausreichend vorbereiten. Manche Kämpfer benutzen Kouchi Gari als die einleitende Aktion zu größeren Techniken. Der Partner wird z. B. mit Kouchi Gari angegriffen, man läßt ihn aber einfach ausweichen. Durch die Wiederholung dieser Aktion wird die Reaktion und geistige Einstellung des

Partners labil. In diesem Moment greift man ihn mit einer anderen und größeren Technik an. Dies bedeutet aber noch keine Kombination im eigentlichen Sinn. Es gibt Kombinationen von Kouchi Gari — Ouchi Gari oder Kouchi Gari — Seoi Nage und umgekehrt usw. Dabei muß man bis zu einem gewissen Grad mit der ersten Technik erfolgreich gewesen sein; im letzten Moment, wenn der Partner nicht mehr ausweichen kann, wird er mit der zweiten Technik angegriffen. Immerhin hat Kouchi Gari den Vorteil, daß nur wenige Kontertechniken existieren. Zur Zeit ist Kouchi Gari im Wettkampf unentbehrlich geworden, da die Bewegungen der Kämpfer ausgefeilter sind und man für einen Angriff unbedingt eine komplexere Einleitung braucht.

Ausführungen

Wenn der Partner mit dem rechten Fuß vortritt

Tsukuri — Vorbereitung
Während der Schrittbewegungen lassen wir den Partner vorwärtstreten. Will er sein Körpergewicht auf den rechten Fuß verlagern, beugen wir die Arme und ziehen den Partner zu uns heran. Dabei zieht besonders die rechte Hand, so daß der Partner gezwungen wird, sich nach vorne anzulehnen.

2. STUFE KOUCHI GARI

Kake — Ansatz

Beim Zug beider Hände beugen wir die Knie und sicheln mit dem rechten Fuß direkt die Ferse des Partners zu uns heran — wenn möglich nach außen sicheln — oder wir stellen unseren linken Fuß hinter den eigenen rechten. Dadurch drehen wir uns etwas nach links. Anschließend sicheln wir mit der rechten Fußsohle die rechte Ferse des Partners in die Richtung seiner Zehen. Die angezogene rechte Faust wird jetzt umgekehrt mit der Außenseite an die Brust des Partners gedrückt. Dabei unterstützt der rechte Unterarm, der auf die Brust des Partners gelegt wird, die Aktion, um den Partner in die Rückenlage zu bringen. Unseren Oberkörper lehnen wir nach vorne und drücken die Hüfte vorwärts, damit der Wurf mit der ganzen Kraft des Körpers ausgeführt wird. Das linke Standbein bleibt leicht gebeugt und, falls es notwendig werden sollte, nach vorne nachgezogen.

Anmerkungen zu Tsukuri

1. Beim Zug müssen unsere Ellenbogen dem Körper genähert werden, sonst können wir die eigene Stabilität nicht halten. Dadurch wird der Partner kontrolliert, so daß er sich nicht doch noch drehen und ausweichen

kann. Wenn die Arme gebeugt bleiben, können wir beim Wurf durch ihr Strecken den Partner während des Sturzes weiter nach rückwärts stoßen, wobei sein rechter Arm stark nach innen gedrückt werden muß.

2. Unseren Kopf wenden wir in die Richtung zur rechten Schulter oder zum Gesicht des Partners. Das Kinn wird zur eigenen Brust gezogen und fixiert.

Anmerkungen zu Kake

1. Wir sicheln nicht nur mit dem Fuß, sondern werfen mit Hilfe des ganzen Körpers.

2. Das eigene Standbein steht in genügendem Abstand zu den Beinen des Partners, so daß die drei Beine an den Spitzen eines gleichseitigen Dreiecks stehen und durch das Anlehnen unseres Körpergewichts eine positive Auswirkung erreicht wird.

3. Unser Standbein soll beweglich sein; es muß nach Notwendigkeit vorwärts nachgerückt werden und bis zum letzten Moment gebeugt bleiben.

4. Beim Sicheln hat die Fußsohle Kontakt mit dem inneren Fußknöckel und der Ferse des Partners.

5. Beim Sicheln strecken wir das rechte Bein und schieben es nach außen, so daß der Partner gezwungen wird, die Beine zu spreizen.

Andere Ausführungen

1. Wenn der Partner auf dem rechten Fuß sein Körpergewicht halten will

Wir lassen durch den Zug der rechten Hand den Partner nach links drehen. Sein rechter Fuß wird dabei zum Drehpunkt. Während des Drehens bleibt das Gewicht des Partners vollkommen auf seinem rechten Fuß. Man braucht sich in diesem Moment dem Partner nur anzunähern. Unsere angezogene Hand und der Arm bleiben am Körper des Partners fixiert. Außerdem hält unsere rechte Körperseite mit der linken des Partners Kontakt. Die eigene linke Hand drückt den rechten Arm des Partners nach innen, so daß er gehebelt und sein Körper gestreckt wird. Die weitere Ausführung wie Ausführung 1.

2. Wenn der Partner die Verteidigungsposition hält

Wir ziehen mit beiden Händen den Partner nach vorwärts-unten. Zugleich gehen wir mit dem linken Fuß einen Schritt, dann mit dem rechten einen halben zurück. Wir beugen und ziehen gleichzeitig besonders stark. Der Partner kommt ungern vorwärts und wird seine Haltung versteifen oder wir erzwingen seine Reaktion, daß er seinen Körper aufrichten muß. In diesem Augenblick sicheln wir und drücken unseren Körper vorwärts. Dabei ziehen wir mit der linken Hand den rechten Arm des Partners herunter, um eine Kontertechnik zu vermeiden.

3. Wenn der Partner mit seinem rechten Fuß zurücktreten will

Wir blockieren mit Kouchi Gari. In diesem Fall müssen wir meistens unser Standbein vorwärts nachziehen.

Beim Kampf drückt man den Partner auf die Matte herunter

2. STUFE KOUCHI GARI

Variation und Kontertechnik

1. Kouchi Makikomi: Kleinere Kämpfer können beim Kouchi Gari mit Hilfe des rechten Arms den Partner stürzen, wobei der rechte Arm den rechten Oberschenkel des Partners von außen umklammert und man zusammen mit dem Partner stürzt.

2. Wenn der Partner mit Kouchi Gari angreift, fegt man rechtzeitig das Angriffsbein oder fällt mit dem Partner zusammen nach rückwärts, während der eigene Körper nach links ausweicht. Die Kontertechniken sind meistens Yoko Gake, Yoko Otoshi oder Tani Otoshi. Man kann auch mit Hiza Guruma kontern, und zwar mit dem angegriffenen Bein gegen das Standbein des Angreifers.

Kombinationen

1. Nach dem Kouchi Gari-Ansatz in der Vorwärtsbewegung kann man weiter Ouchi Gari ansetzen und umgekehrt. Wenn der Partner seine Absicht zum Ouchi Gari-Kontern zeigt, kann man besonders durch diese Ouchi Gari — Kouchi Gari-Kombination erfolgreich sein.

2. Nach Seoi Nage kann man sofort zu Kouchi Gari übergehen, da das eigene Standbein nahe am Körper des Partners steht. Nach dem Kouchi Gari-Ansatz kann man aber nicht nur zu Seoi Nage übergehen, sondern zu allen großen Techniken wie Harai Goshi, Hane Goshi, Uchi Mata, Tai Otoshi. Uchi Mata — Kouchi Gari ist eine orthodoxe Kombination, wie die mit Seoi Nage. Allgemein sollte man nach Kouchi Gari nacheinander zu weiteren Techniken übergehen, besonders aber nach dem Sturz durch Kouchi Gari mit der Bodenarbeit beginnen.

„. . . es ist ein 1. Dan Judo, herzlichen Glückwunsch!"

Diese Technik wird im Kampf relativ wenig benutzt, obwohl sie viele Angriffsmöglichkeiten bietet. Nach einem mißlungenen Osoto Gari- oder Tsurikomi Goshi-Angriff kann man weiter zu Koshi Guruma übergehen und den Partner über die Hüfte abrollen lassen. Auch gegen einen stark gebückten Partner kann man mit ihr im Kampf direkt angreifen. Im allgemeinen wird diese Technik, mehr oder weniger bewußt, von einem Kämpfer als Zweitangriff durchgeführt und meistens sogar mit Ippon — Vollpunkt — bewertet, weil das Genick des Angegriffenen vom Arm des Angreifers so fest umschlungen wird, daß der Partner keine Abwehrleistung mehr erbringen kann. Somit sollte man eine Technik nicht vernachlässigen, auch wenn sie als selten oder unnötig bezeichnet wird. Was man einmal als Grundtechnik gelernt hat, taucht in einer Notsituation aus dem Unterbewußtsein wieder auf, wenn gerade der richtige Moment und die günstigste Lage eintreten.

Koshi Guruma gehört zu dem ursprünglichen Typ des Hüftwurfs. Da man das Genick des Partners umschlingt, kann man auch mit dieser Technik einen Gegner ohne Jacke angreifen. Wenn Anfänger beim Unterricht noch keinen Judo Gi besitzen, kann man mit Koshi Guruma neben Uki Goshi und O Goshi ohne weiteres beginnen. Wegen ihrer natürlichen Wurfart ist sie auch bei Jugendlichen, besonders aber bei Kindern beliebt.

Ausführungen

Wenn der Partner mit seinem rechten Fuß vortritt

Tsukuri — Vorbereitung
Beginnt der Partner vorzutreten, umklammert unser rechter Unterarm den Nacken des Partners und zieht ihn zu uns heran, so daß er sich in einer gebückten Haltung nach vorne anlehnen muß.

Kake — Ansatz
Wir treten mit dem rechten Fuß vor den rechten des Partners und mit dem linken zwischen seine Füße, wobei beide Knie gebeugt werden. Die Hüfte schwingen wir bis zum rechten Oberschenkel des Partners. Der rechte Arm zieht den Partner weiter kräftig zu uns heran, während ihn der linke herunterzieht und anschließend an unserem Körper fixiert wird. Gleichzeitig stößt die Hüfte den Partner nach rückwärtsoben, so daß er über unsere Hüfte rollt.

Anmerkungen zu Tsukuri
1. Beim Umklammern können wir die rechte Hand fausten, um den angewinkelten Arm zu unterstützen.
2. Die rechte Hand oder Faust wird mit dem

2. STUFE KOSHI GURUMA

Daumen nach unten gedreht, so daß der innere Unterarm direkten Kontakt mit dem Nacken des Partners erhält.

3. Wir ziehen und drücken den Nacken des Partners kurz und kräftig herunter, so daß der Oberkörper gebückt wird.

Anmerkungen zu Kake
1. Die Hüfte soll nicht zu weit nach außen am Partner vorbeigeschwungen werden. Wenn man sie überdreht, verliert man die Kraft, den Partner zu beugen und kräftig zu ziehen.

2. Beim Wurf müssen wir das Kinn zur Brust ziehen, wobei der Kopf in die Wurfrichtung zeigt.

3. Wir schwingen beim Wurf mehr die Hüfte als sie zu drehen. Dabei unterstützen die stark gebeugten Knie diese Aktion.

„Die treue Hingebung
an das Studium der Künste und Wissenschaften
bildet die Sitten und duldet keinerlei Roheit."
Ovid (Publius Ovidius Naso), römischer Dichter (43 v.Chr.-17 n.Chr.).

Andere Ausführungen

1. Ausführung in der Kreisbewegung
Wir ziehen mit der linken Hand den Partner nach links, so daß er schräg nach rechts treten muß. Die linke Hand zieht ihn mit Unterstützung der rechten weiter herunter, damit er sich tief beugen muß. Während der Partner seinen Oberkörper als Reaktion aufrichtet, lösen wir die rechte Hand und führen den Unterarm zu seinem Nacken.
2. Ausnutzung der Reaktion des Partners
Wir drücken den Partner nach hinten und erhalten seine Reaktion, indem er sich nach vorne anlehnt. Hauptsächlich zieht die linke Hand nach unten-vorwärts und fixiert den Arm des Partners an unserem Körper. Wir drehen uns mit der Hüfte schwungvoll ein und federn die Beine besonders stark.

Verteidigung und Kontertechniken
1. Wenn wir einen Koshi Guruma-Angriff zeitig bemerken, vertiefen wir durch Kniebeugen die Hüfte und senken den Kopf, so daß der Partner sein Angriffsziel verfehlt und die günstigste Distanz zum Angriff verliert. Anschließend heben wir den Körper des Partners mit unserem linken Arm und durch Strecken des Körpers hoch.
2. Wir kontern mit Ushiro Goshi, Ura Nage und Utsuri Goshi.

Kombinationen und Variation
1. Nach Harai Goshi, Osoto Gari und Tsurikomi Goshi können wir zu Koshi Guruma übergehen.
2. Nach einem Koshi Guruma-Angriff können wir zu Makikomi Waza — Zusammenrollen mit dem Partner — übergehen.

2. STUFE   TSURIKOMI GOSHI

Tsurikomi Goshi ist eine der wichtigsten Techniken, weil die fundamentale Anwendung des Hebels beim Wurf deutlich gezeigt wird. Man könnte sagen, wenn man diese Technik in der Praxis beherrscht, hat man schon den halben Weg zum Erfolg zurückgelegt. Die Entstehungsgeschichte von Tsurikomi Goshi beweist beispielhaft die Weiterentwicklung der Technik. Die Lieblingstechnik von Jigoro Kano war Uki Goshi. Seine Schüler wurden mit dieser Technik immer wieder geworfen. So erfanden sie nach langen Überlegungen eine Abwehrmöglichkeit gegen Uki Goshi, wobei sie die angesetzte Hüfte des Meisters seitlich-vorwärts übersprangen. Diese Verteidigungsmethode war wirklich so erfolgreich, daß der Meister umsonst mit Uki Goshi angriff. Die Schüler waren voller Freude und Stolz. Ein paar Tage später

Sode Tsurikomi Goshi

stand der Meister wieder auf der Matte, und die Schüler sprangen wie vorher vorwärts, um Uki Goshi auszuweichen. Trotzdem wurden sie blitzschnell auf die Matte gelegt und wußten nicht, wie sie geworfen wurden. Der Meister hatte sein Bein am Oberschenkel des Schülers gestreckt und dann den ganzen Körper nach oben gefegt, bevor der Schüler zum Ausweichen nach vorne springen konnte. Es war der Ur-

sprung von Harai Goshi, und die Schüler wurden wiederum Opfer dieser neuen Technik. Sie mußten nun gemeinsam eine neue Gegenmaßnahme und Verteidigung erfinden. Wenn sie durch den Sprung Uki Goshi auswichen, verloren sie durch Harai Goshi. Sie mußten nur einfach die Hüfte vertiefen und durch den Druck des Bauches und Aufrichten des Oberkörpers die Technik des Meisters blockieren. Diese Ver-

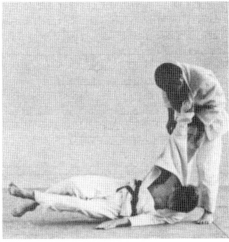

2. STUFE TSURIKOMI GOSHI

teidigung hatte wiederum Erfolg, aber es dauerte nur ein paar Tage, bis der Meister das hier beschriebene Tsurikomi Goshi erfunden hatte. Die wie Uki Goshi angesetzte Hüfte wurde bei der Blockierung weiter vertieft und dann gehoben. Die Schüler mußten daraufhin mit gestrecktem Körper vorwärtsstürzen. Diese liebenswürdige Geschichte zwischen Lehrer und Schüler wurde später in der Nage No Kata, in der Lehrfolge Uki Goshi — Harai Goshi — Tsurikomi Goshi aufgenommen.

Ausführungen

Wenn der Partner mit seinem rechten Bein vortritt und das linke nachzieht

Tsukuri — Vorbereitung

Tritt der Partner mit dem rechten Bein vor, heben wir mit der linken Hand seinen rechten Arm hoch. In diesem Moment wird er sein linkes Bein nachziehen wollen, um eine sichere Position, im parallelen Stand, zu halten. Er wird dabei meistens seinen Körper versteifen und sich etwas zurücklehnen. Wir ziehen mit dem Hebezug — Tsurikomi — den Partner nach vorwärtsoben, wobei wir unser rechtes Handgelenk zu uns richten, und der Ellenbogen am Körper des Partners bleibt.

Kake — Ansatz

Ist dieser Zug zur Vorbereitung ausreichend, drehen wir uns vor dem Partner ein und stellen unsere Füße zwischen die seinen. Durch Kniebeugen versenken wir die Hüfte tief zu den Oberschenkeln des Partners, während die linke Hand weiter hebt und die rechte nach oben stößt. Zum Schluß heben wir unsere Hüfte hoch und schieben sie nach hinten.

Anmerkungen zu Tsukuri
1. Den rechten Handrücken richten wir zum eigenen Körper. Der rechte Unterarm

bleibt in Kontakt mit der linken Brust des Partners.
2. Durch den Zug versteift sich der Partner wie eine Stange, so daß wir ihn mit beiden Händen nach oben und gleichzeitig vorwärts ziehen müssen.
3. Der Kopf leitet das Eindrehen des ganzen Körpers und zeigt in die Richtung des Wurfes.

Anmerkungen zu Kake
1. Wir müssen die Hüfte zwischen den Beinen des Partners vertiefen.
2. Beim Wurf müssen wir mit der linken Hand immer weiter nach oben stützen, um den Partner nicht seitwärts abrutschen zu lassen. Erst im letzten Moment zieht die linke Hand den rechten Arm des Partners zum Körper.
3. Wir werfen nicht durch Beugen des Körpers, sondern strecken die Knie und drücken die Hüfte nach rückwärts-oben.

Andere Ausführungen

1. Wenn der Partner mit seinem linken Fuß vorwärtstreten will
Wir ziehen mit der rechten Hand den Partner nach links-außen und zum eigenen Körper. Der Partner tritt halblinks in die Kreisbewegung. In diesem Moment drehen wir uns mit aufrechtem Oberkörper tief vor dem Partner ein.

2. Wenn der Partner zurücktritt
Wir treten ein paar Schritte vor und stoßen leicht mit der rechten Handfläche, die den Jackenrand hält, den Partner nach hinten. Seine Reaktion wird als Anlehnen nach vorne zurückkommen. In diesem Moment drehen wir uns mit dem Hebezug ein.
3. Sode Tsurikomi Goshi, siehe nachfolgende Beschreibung.

Verteidigungen und Kontertechnik
1. Werden wir mit Tsurikomi Goshi angegriffen, beugen wir tief die Knie und rich-

ten die Hüfte auf, wobei wir mit dem Bauch die Hüfte des Angreifers blockieren.

2. Wir drehen uns kräftig nach rechts und reißen den Griff und Zug des Angreifers los.

3. Bemerken wir zeitig den Angriff, treten wir einen Schritt zurück, bringen den Angreifer in die Rückenlage und ziehen ihn herunter.

4. Wenn sich der Angreifer nach mißlungenem Tsurikomi Goshi zurückdreht, können wir beim Zurücktreten mit Fußfegen kontern.

Kombinationen
Als Kombinationen können wir zu Ouchi Gari – Kouchi Gari – Osoto Gari usw. übergehen und zu umgekehrten Kombinationsmöglichkeiten.

Sode Tsurikomi Goshi
a) Wenn der Partner den linken Arm streckt und unsere Jacke fassen will, greift unsere rechte Hand seinen Ärmel unter dem Ellenbogen oder dem Unterarm mit umgekehrtem Griff – Finger zeigen nach oben. Wir ziehen nach außen und lassen den Partner in eine linke Kreisbewegung treten, wobei unsere linke Hand an unserem Körper fixiert wird, um ein Überdrehen des Partners zu verhindern. Wir drehen uns ein und senken die Hüfte bis zum Oberschenkel des Partners.

b) Während des Kampfes können wir uns auch mit Unterstützung der linken Hand links eindrehen. Dabei soll die rechte Hand ebenfalls den Ärmel des Partners halten, damit er sich beim Sturz mit seiner rechten Hand nicht abstützen kann.

„Wo rohe Kräfte sinnlos walten, da kann sich keine Hose halten."

2. STUFE OKURIASHI BARAI

Okuriashi Barai bietet, in seiner vollkommenen Ausführung, einen hervorragenden Eindruck von der Leichtigkeit aller Judotechniken. Diese Leichtigkeit sollte der wichtigste Grundcharakter der Fußtechniken überhaupt sein. Jedoch wird Okuriashi Barai im Kampf selten gezeigt. Während der schnellen Bewegungsabläufe im Randori kann man diese Technik eher ausführen. Wird man mit Okuriashi Barai geworfen, muß man dem Partner den vollkommenen Sieg zuerkennen. Wegen ihrer Harmonie und Würde nimmt diese Technik in der Nage No Kata die erste Stelle in der Lehrfolge der Fußtechniken ein. Um Okuriashi Barai auszuführen, benötigt man große und leichte Schrittbewegungen. Beim Erlernen dieser Technik beginnen sowohl Tori als auch Uke in der bestimmten Schrittbewegung — Tsugiashi —, d. h. — Fußnachstellen —, in dem hier beschriebenen Fall — Tsugiashi in der Seitwärtsbewegung —. Beide Partner schleifen in den gleichen seitwärtsziehenden Schrittbewegungen die Matte, ohne ihre Füße allzu hoch zu heben. Tori fegt den nachziehenden Fuß von Uke und wirft den Partner hoch. Durch diese Übung erhält man ein Gefühl für leichte Schrittbewegungen und

die beste Koordination zum Partner. In dieser Hinsicht sollte jedem Anfänger Okuriashi Barai gelehrt werden, wobei die Höhe des Wurfes stufenweise gesteigert wird.

Fortgeschrittene sollten die Angriffsmöglichkeiten durch Okuriashi Barai suchen und sich zu eigen machen. Besonders das überraschende Angriffsmoment und der vom Partner unbemerkte Eingang zum Angriff sind die Schlüssel zur Verwirklichung und zum Erfolg dieser Technik. Das Fegen verlangt eine längere Mitverfolgung der Bewegungen des Partners als bei anderen Fußtechniken; also muß man sich schon vor dem Angriff auf die kommenden Bewegungen des Partners einstellen können. Dieses „Vorahnen" und die Konsequenz bei der Durchführung verlangen alle Judotechniken, und dies wird nur durch Training auf der Basis leichter Schrittbewegungen erreicht, weil sich ein flexibler und wacher Geist nur in einem unverkrampften Körper entfalten kann.

Ausführungen

Wenn der Partner nach links tritt

Tsukuri — Vorbereitung
Wir begleiten die Seitwärtsbewegung des Partners oder lassen ihn vollständig nach links treten. Der Angriffszeitpunkt liegt in dem Moment, wenn der Partner seinen zurückgebliebenen rechten Fuß nachziehen will. Wenn wir ahnen, daß er mit seinem linken Fuß nach links treten will, bereiten wir den Angriff vor, indem unsere Knie gebeugt werden und die linke Hand den Arm des Partners nach innen drückt.

Kake — Ansatz
Wenn der Partner mit seinem linken Fuß auf die Matte tritt und seinen rechten nachziehen will, führen wir unseren rechten Fuß innen neben den linken des Partners. Gleichzeitig fegt unsere linke Fußsohle den rechten Fuß des Partners nach, wobei unsere Sohle auf seinen äußeren rechten Knöchel gestellt wird.

Anmerkungen zu Tsukuri
1. Wenn der Partner sich nach links bewegt, müssen wir ihn rechtzeitig begleiten,

wobei unser rechtes Bein ausreichend gespreizt werden soll, d. h., wir bewegen uns zusammen mit dem Partner.
2. Wir heben den Partner durch den Druck der linken Hand an. Hierbei müssen wir unseren Körper vertiefen und mit der ganzen Kraft des Körpers von unten nach oben heben.

Anmerkungen zu Kake
1. Beim Fegen muß unser linkes Bein gestreckt werden.
2. Das Fegen erfolgt mit Unterstützung des Hüftdrucks.
3. Der Fuß des Partners darf nicht „gekickt", d. h. getreten werden, sondern wir stellen unseren Fuß zunächst leicht an seinen Knöchel und vermehren anschließend die Kraft, wobei der Fuß lange Zeit haften bleibt. Die Zehen werden nach innen gedreht und halten bis zum letzten Moment Kontakt.
4. Während des Fegens muß unser rechter Arm gebeugt bleiben, damit wir nicht die Kontrolle verlieren.
5. Zum Schluß ziehen beide Hände den Partner stark nach unten.

2. STUFE OKURIASHI BARAI

Andere Ausführungen

1a. Ausführung in der Kreisbewegung
Während der Bewegungen beugen wir stark unseren rechten Arm und ziehen den Partner nach links-außen, so daß er zu einer Kreisbewegung gezwungen wird. Anschließend stellen wir unseren rechten Fuß innen neben den linken des Partners und fegen seinen zurückgebliebenen rechten Fuß (s. Abb.), den er gerade nachziehen wollte.

1b. Die gleiche Ausführung wie 1a, jedoch zu einem etwas späteren Zeitpunkt, wenn der Partner gerade seinen rechten Fuß nachgezogen hat.

2a. Wenn der Partner zurücktritt
Geht der Partner zurück, um eine beliebige Wurftechnik vorzubereiten, treten wir mit unserem rechten Fuß vor und fegen den zurückgebliebenen vorderen Fuß des Partners.

2b. Wenn wir den Partner stark vorwärtsziehen, wird er weiter zurückgehen wollen, um sich aus dieser erzwungenen Position zu befreien.

2c. Wenn der Partner erfolglos mit einer Hüfttechnik angreift und sich wieder zurückdreht, können wir im letzten Moment seinen Fuß fegen.

Verteidigung und Kontertechnik
Wenn der Partner fegt, können wir das angegriffene Bein lockern, das Knie beugen und den Fuß heranziehen. Danach können wir umgekehrt mit dem angegriffenen Bein das Angriffsbein des Partners fegen, d. h. Tsubame Gaeshi − Schwalbenwende −.

Kombinationen
Von Okuriashi Barai können wir fast zu jeder großen Technik übergehen, z. B. zu Harai Goshi, Seoi Nage, Tai Otoshi oder
Okuriashi Barai − Osoto Gari
Okuriashi Barai − Okuriashi Barai links.

„Der weiche Gang geschmeidig starker Schritte,
der sich im allerkleinsten Kreise dreht,
ist wie ein Tanz der Kraft um eine Mitte,
in der gespannt ein großer Wille steht."
Rainer Maria Rilke, deutscher Dichter (1875-1926).

Tai Otoshi gehört zu der Gruppe der Handtechniken und ist für jeden Judoka hinsichtlich Körpergröße und Konstitution geeignet. Ihre Ausführung ist nicht so kompliziert, und doch hält man sie für eine relativ schwere Technik. Bei jeder Handtechnik wirft man nicht direkt mit den Händen, ebenso wie die Hüft- und Fußtechniken nicht nur mit der Hüfte oder dem Fuß durchgeführt werden, sondern bricht während der Schritt- und Körperbewegungen mit Hilfe der Hände das Gleichgewicht des Partners — Kuzushi —. Dazu sperrt man seine Ausweich- und Kontermöglichkeiten — Tsukuri — und greift anschließend mit den entscheidenden Bewegungen dieser Technik an — Kake —. Gerade Tai Otoshi verlangt die vollkommene Ausführung dieses Ablaufs, bis man mit der Hand den entscheidenden Schwung zum Wurf erhält. Die flüssigen und ineinandergreifenden technischen Abläufe sind die Voraussetzungen zur erfolgreichen Durchführung von Tai Otoshi. Für die gesamte Ausführung benötigt man eine längere Zeit, da man sich zum Angriff vor dem Partner völlig eindrehen muß — wie bei Seoi Nage —. Wegen dieser Notwendigkeit sind verschiedene Täuschungen und Vorbereitungen zum Angriff erforderlich. Hinzu kommt, daß je nach den Körpereigenschaften des Partners die Ausführung verändert wird. Letztlich muß man sich unbedingt auf seine Reaktionen und verschiedenen Abwehrtechniken einstellen. Kurz gesagt: Nur mit dem direkten Angriff versagt Tai Otoshi. Nur wenige beherrschen den runden, flüssigen und schwungvollen Ablauf dieses Wurfes. Die kleinste Eckigkeit der Körperbewegungen läßt den Partner den Angriff erahnen und erlaubt ihm Ausweichmöglichkeiten. Jedoch, wenn man einmal Tai Otoshi beherrscht, eröffnen sich mannigfaltige Variationsmöglichkeiten und technische Vollendung. Außerdem besitzt Tai Otoshi den Vorteil, daß man nach einem ersten mißlungenen Angriff wiederum mit ihr angreifen kann. Auch existieren nur sehr wenige Kontertechniken.

Ausführungen

Wenn der Partner mit seinem rechten Fuß vortritt

Tsukuri — Vorbereitung
Wir lassen den Partner vorwärtstreten und stellen unseren linken Fuß hinter den eigenen rechten, wobei sich unser linker Fuß dem linken des Partners nähert. Dadurch drehen wir uns halb-links. Mit der linken Hand ziehen wir den rechten Arm des Partners waagerecht in die Richtung seines Vortretens. Der Partner steht schräglinks vor unserer Körperseite in der gebrochenen Gleichgewichtshaltung, so daß er sich nach vorne anlehnen muß.

2. STUFE TAI OTOSHI

Kake — Ansatz

In dem Moment, wo sich der Partner anlehnt, drehen wir uns auf dem rechten Fuß
ein wenig ein. Nach diesem Teileindrehen
spreizen wir unser rechtes Bein weit vor
dem rechten Fuß des Partners, wobei wir
die Fersen nach außen richten und weiter
schieben. Durch diese Aktion versenken
wir den Schwerpunkt unseres Körpers, wodurch der Partner nach vorne gestürzt
wird. Beim Sturz drücken und unterstützen
wir mit der rechten Hand den Zug der
linken, wobei unsere rechte Hand am Hals
des Partners haften bleibt und ihn drückt.

Anmerkungen zu Tsukuri

1. Wir ziehen den Partner schräg nach
außen, so daß seine Vorwärtsbewegung
nach außen hin verlängert wird.
2. Unser rechtes Handgelenk wird leicht
nach oben gedreht; beide Arme bleiben
locker.
3. Wir stellen den linken Fuß hinter den
eigenen rechten, wobei die Zehen in die
Wurfrichtung zeigen, Dies sollte bereits
beim Vortreten des Partners abgeschlossen
sein. Die Knie bleiben locker und federnd.
4. Der Kopf leitet das Eindrehen ein.

Anmerkungen zu Kake

1. Wir strecken unser rechtes Bein vor dem
Partner, wobei wir anfangs ein wenig wip-
pen, um den nötigen Schwung zu erhalten.
Der rechte Fuß schleift dabei leicht die
Matte.
2. Beim Strecken des rechten Beines wird
unser ganzes Körpergewicht nach rechts
zum Partner hin verlagert.
3. Das linke Knie soll gebeugt bleiben,
damit es beim Wurf schnell gestreckt und
die Hüfte nach rückwärts gedrückt werden
kann.

Andere Ausführungen

1. Wenn der Partner seinen rechten Fuß
zurückzieht
Wir begleiten den Schritt des Partners.
Tritt er weit zurück, springen wir vor ihm
hinein, so daß wir ihn mit unserem ganzen
Gewicht noch weiter nach hinten schieben.
Ist sein Gewicht auf den rechten Fuß verlagert, senken wir tief unsere Hüfte und
schwingen sie nach rückwärts.

2. Wenn der Partner rechts-seitwärts tritt
Wir begleiten die Seitwärtsschritte des Part-

ners oder lassen ihn weiter schneller nach seitwärts treten. In dem Moment, wo er sein Gewicht nach rechts verlagert hat, drehen wir uns auf dem linken Fuß und strecken das rechte Bein seitwärts vor dem rechten des Partners.

3. Wenn der Partner links-seitwärts in die Kreisbewegung tritt
Wir können den Arm des Partners mit beiden Händen in einer Kreisbewegung leicht heben. Anschließend drehen wir mit dem rechten und dem nachziehenden linken Fuß ein.

4. Wenn der Partner in der Jigo Tai – Verteidigungsposition – steht
Wir drücken mit dem rechten Handballen die Brust des Partners nach hinten. Unser rechter Arm wird dabei mit Schwung gestreckt und wieder entspannt. Währenddessen drehen wir unseren rechten Fuß etwas nach links und treten anschließend vor. Lehnt sich der Partner reaktionsmäßig nach vorn, drehen wir mit dem linken Fuß ein.

Verteidigungen
1. Mit unserer linken Hand können wir den rechten Arm des Partners drücken und sperren.
2. Mit unserem rechten Bein überspringen wir das gestreckte Bein des Partners und verteidigen.
3. Wir ziehen unser linkes Bein weit zurück und ziehen mit beiden Händen den Partner kräftig herunter.

Variation und Kombinationen
1. Als Variation kann man bei jeder Ausführung den rechten Arm, wie bei Seoi Nage, unter die Achselhöhle des Partners schieben. Jede Tai Otoshi-Ausführung soll grundsätzlich durch Senken des Schwerpunktes ausgeübt werden. Kräftige Kämpfer können nach erfolgtem Körperkontakt auch durch Körperdrehen stürzen.
2. Als Kombinationen kennt man:
Tai Otoshi – Kouchi Gari
Tai Otoshi – Osoto Gari
und umgekehrt:
Kouchi Gari – Tai Otoshi
Ouchi Gari – Tai Otoshi

2. STUFE HARAI GOSHI

Jigoro Kano erzählt: „Herr Shiro Saigo versuchte bald, gegen jede Technik Ausweichmöglichkeiten zu finden, wenn er von mir eine neue Technik erfahren hatte. Uki Goshi war meine Lieblingstechnik, deswegen habe ich ihn lange Zeit nicht so einfach ausweichen lassen. Aber später fing er an, bei Uki Goshi vorwärts zu springen und damit auszuweichen. Da habe ich mit der Technik Harai Goshi trotzdem eine Wirkung erreicht, indem ich die ausweichenden Beine fegte und blockierte." Dies ist die Entstehungsgeschichte von Harai Goshi. Mit der Zeit ist sie eine der populärsten Techniken im Judo geworden, besonders bei Europäern, die dabei ihre längeren Beine vorteilhaft einsetzen können. Es sind viele Variationen aus Harai Goshi entstanden, die zu eigenständigen Techniken wurden, wie z. B. Harai Makikomi. Bei den Hüfttechniken gibt es zwei Arten des Beinansatzes zum Wurf: Bei der ersten bleibt der Angreifer auf beiden Beinen stehen, wie Uki Goshi, Tsurikomi Goshi, bei der zweiten wird ein Bein als Standbein benutzt, wie Uchi Mata, Hane Goshi und beim hier beschriebenen Harai Goshi. Solche Techniken ermöglichen ein relativ schnelles Eindrehen vor dem Partner. Zugleich wird ein starker Zug der Hand

verlangt, wobei der Oberkörper des Partners in die Wurfrichtung gezogen wird. Diese Einfachheit der Durchführung könnte der Grund für ihre Beliebtheit sein. Bei der vollendeten Ausführung wird der Körper des Partners durch den Schwung des Angreifers nach oben gehoben und anschließend gestürzt. Jedoch zeigt sich eine Tendenz, mit dem Partner zusammen nach seitwärts-vorwärts zu rollen, was eigentlich eine Variation dieser Technik darstellt. Aus der idealen Sicht des Judo, sollte man aber zunächst die eigentliche Technik zu beherrschen versuchen und dann erst auf Variationen als Notlösung zurückzugreifen. Harai Goshi besitzt in jeder Bewegungsrichtung — Vor- und Rückwärtsbewegung, rechte oder linke Seitwärts- und Kreisbewegung — auch als Kombination größte und leichte Wurfmöglichkeiten.

Ausführungen

Wenn der Partner mit seinem rechten Fuß vortreten will oder vorgetreten ist

Tsukuri — Vorbereitung
Tritt der Partner mit seinem rechten Fuß

vor, ziehen wir mit beiden Händen seinen Oberkörper zu uns heran, bis wir mit der rechten Brust Kontakt erhalten. Dabei drehen wir unsere linke Hand von innen nach außen. Unser linker Ellenbogen wird stark angewinkelt und nach oben gehoben. Die faustende rechte Hand lenken wir in unsere Richtung und ziehen das Revers des Partners zu uns heran.

Kake — Ansatz

Mit dem Zug drehen wir unseren Kopf in die Wurfrichtung. Die Knie werden leicht gebeugt. Anschließend drehen wir uns vor dem Partner ein, wobei das linke Knie nochmals stärker gebeugt wird. Unseren linken Fuß stellen wir innen neben den linken des Partners. Das rechte Bein strecken wir vor dem Partner und schwingen es an seinem Oberschenkel vorbei nach rechtsaußen und von oben nach unten. Im letzten Moment ziehen wir unsere Hand stark nach links und drehen den Oberkörper ebenfalls weit nach links, bis unser Kopf über den Punkt unseres Standbeins hinaus zeigt.

Anmerkungen zu Tsukuri

1. Beim ersten Zug darf unsere Hüfte — Bauch — noch keinen Kontakt mit dem Partner erhalten. Sie bleibt locker.

2. Wir ziehen den Partner, als Weiterführung seiner eigenen Vorwärtsbewegung, zu uns heran.

3. Wir halten unseren Oberköuper immer noch senkrecht.

Anmerkungen zu Kake

1. Beim Eindrehen führen wir den Wechselschritt aus: Erst den rechten Fuß halb vor, dann Nachziehen des linken Fußes bis zur Position des späteren Standortes zum Wurf und Schwingen des rechten Beines.

2. Unseren Standfuß drehen wir in die Wurfrichtung. Größere Kämpfer stellen das Standbein nicht vor dem linken, sondern vor dem rechten Fuß des Partners weit weg.

3. Während des Eindrehens müssen wir weiterziehen.

4. Das rechte Bein schwingen wir leicht seitlich nach hinten, nicht direkt rückwärts.

5. Die Zehen bleiben gestreckt. Während des Schwingens wird das rechte Bein gedreht, wobei die Ferse nach oben zeigt.

6. Die rechte Hüfte wird nicht zu weit nach außen gedreht.

7. Unser Oberkörper darf nicht nach vorne gebeugt werden, sondern wird nach schräglinks geneigt.

8. Der Kopf zeigt in die Wurfrichtung.

2. STUFE   HARAI GOSHI

Andere Ausführungen

1a. Wenn der Partner mit seinem linken Fuß vortreten will oder vorgetreten ist
Wir treten zurück und lassen den Partner mit seinem linken Fuß vortreten, während wir den linken Fuß innen neben den linken des Partners stellen. Unseren Körper drehen wir nach schräg-rechts und ziehen mit beiden Händen den Partner hoch, wobei der rechte Ellenbogen den Arm des Partners hochdrückt oder nach außen schiebt. Im letzten Moment strecken wir das rechte Bein vor den Oberschenkeln des Partners und drehen die Hüfte schnell ein, um ausreichend Schwung zu holen. Dabei bleibt das linke Bein elastisch und federnd.

1b. Ausführung in der Kreisbewegung
Durch den Zug beider Hände lassen wir den Partner nach rechts kreisen. Im letzen Moment, bevor er nach vorne tritt oder schräg-vorwärts getreten ist und dadurch sein Gewicht verlagert, können wir unseren linken Fuß innen neben den rechten des Partners stellen und mit Hüfte und Bein schwingen. Den Rest der Ausführung wie 1a, in umgekehrter Richtung.

2. Wenn der Partner seinen rechten Fuß zurückzieht
Wir begleiten die Rückwärtsbewegung des Partners, springen vor ihm hinein und brechen so sein Gleichgewicht. Wir werfen ihn in die Richtung seiner rechten Schulter. Unser letzter Schritt muß schneller sein, als das Nachziehen des rechten Fußes unseres Partners. Somit können wir sein rechtes Bein wegfegen, bevor er mit ihm festen Stand gefaßt hat.

Verteidigungen
1. Werden wir mit Harai Goshi angegriffen, strecken wir den Oberkörper und drücken mit dem Unterleib den Angreifer vorwärts. Dadurch wird sein Gleichgewicht gebrochen.
2. Wir beugen die Knie, strecken den Bauch vor und lösen unsere Hand mit einem Ruck, wobei wir uns gleichzeitig nach rechts drehen.
3. Wir beugen tief unsere Knie, umarmen mit dem linken Arm den Rumpf des Partners und heben ihn an.
4. Unser linkes Bein klammert von hinten das Standbein des Angreifers

Kontertechniken
1. Greift der Partner mit Harai Goshi an, beugen wir die Knie, treten einen Schritt vor und fegen von hinten sein Standbein mit dem linken Fuß.
2. Wir beugen die Knie, umarmen mit dem linken Arm den Rumpf des Angreifers, strecken den Bauch und werfen mit Ushiro Goshi.
3. Wir können wie bei 2. umfassen und mit Tani Otoshi rückwärtswerfen.

Variation und Kombinationen
1. Nach erfolgtem Harai Goshi-Angriff, können wir zu Harai Makikomi übergehen und zusammen rollen.
2. Als orthodoxe Kombination kann man von Harai Goshi zu Osoto Gari übergehen.
3. Als umgekehrte Kombinationen kennen wir:
Okuriashi Barai — Harai Goshi
Kouchi Gari   — Harai Goshi
Osoto Gari   — Harai Goshi

Uchi Mata genießt ein hohes Ansehen, da sie in der Wettkampfgeschichte des Judo die erfolgreichste Technik darstellt. Sie ermöglicht einen konzentrierten Angriff in eine bestimmte Wurfrichtung, wobei der Angreifer völlig mit seinem Körper unter den Partner hineinschwingt. Beim Eindrehen und Schwingen erreichen Ober- und Unterkörper die günstigste Koordination, und der hochgehobene Partner kann keine Abwehrleistungen mehr erbringen. Auch bleibt Uchi Mata gegen die Verteidigungsposition erfolgreich.

Uchi Mata unterteilt sich sowohl in Fuß- als auch in Hüfttechnik. Bei der ersteren schwingt die Rückseite des Angriffsbeines das Bein des Partners hoch, während bei der zweiten das Angriffsbein den Schwung der Hüfte einleitet und der Partner hauptsächlich mit der Hüfte geworfen wird. Diese Ausführung eignet sich im Kampf für körperlich Größere gegen Kleinere. Früher hieß diese Ausführung „O Uchi Mata" und wurde gerne gegen einen sich stark bewegenden Kämpfer ausgeübt. Uchi Mata als Hüfttechnik entspricht dagegen jeder Körpergröße und jedem Gewicht; früher wurde sie als „Ko Uchi Mata" bezeichnet. Im modernen Judo wird diese Art immer populärer und ist auch meistens im Kampf erfolgreich. So wurde Uchi Mata allgemein bis jetzt als Kampftechnik in verschiedenen Arten vervollkommnet und variiert. Anderseits sind jedoch genügend Abwehr- und Kontertechniken erfunden und praktiziert worden, so daß meistens Uchi Mata und ihre Kontertechnik im Kampf zu wetteifern scheinen. Auch zeigt sich eine Tendenz, daß Uchi Mata-Kämpfer Seoi Nage und ähnliche Techniken nicht beherrschen und umgekehrt. Kleinere Kämpfer ziehen Seoi Nage vor, während größere meistens zu Uchi Mata neigen. Jedenfalls benötigt man zum Erfolg einer solch großen Technik einige einleitende kleine Techniken, wie Kouchi Gari, Ouchi Gari usw. Diese wechselhaften Angriffe erzielen die größtmögliche Effektivität.

Ausführungen

Wenn der Partner mit seinem rechten Fuß vorwärtstritt

Tsukuri — Vorbereitung
Wenn der Partner vortritt oder vortreten will, ziehen wir ihn mit beiden Händen zu uns heran, wobei die linke Hand nach außen gedreht und waagerecht in die Wurfrichtung gezogen und die rechte Faust zum eigenen Körper gelenkt wird. Der Ellenbogen bleibt fest an der Brust des Partners haften. Unseren rechten Fuß stellen wir innen vor den rechten des Partners, er zeigt in die Wurfrichtung.

2. STUFE UCHI MATA

Kake — Ansatz

Wir ziehen weiter vorwärts, bis unsere rechte Brusthälfte mit dem Partner Kontakt erhält. Während wir den Kopf drehen, springen wir mit dem gebeugten Knie des linken Standbeines zwischen die Beine des Partners. Nach erfolgtem Hüftkontakt mit der Körperfront des Partners schwingen wir mit dem gestreckten Bein zwischen seine Beine. Im letzten Moment schwingen wir maximal hoch und beugen gleichzeitig unseren Oberkörper tief vorwärts, wobei beide Hände den Partner weit herunterziehen, ihn kräftig drücken und sein Fallen dadurch verstärken.

Anmerkungen zu Tsukuri

1. Der linke Ellenbogen wird angewinkelt, wobei die Hand waagerecht-vorwärts oder schräg nach oben zieht. Auch den rechten Ellenbogen winkeln wir an, richten ihn jedoch möglichst nach unten. Wir können ihn ebenfalls unter die Achselhöhle des Partners drücken, sollten ihn aber nach Möglichkeit nicht nach oben lenken.
2. Unseren rechten Fuß, der das Eindrehen vorbereitet, stellen wir innen vor den Partner, wobei wir die Ferse anheben und uns einen kurzen Moment auf die Zehen stellen.

Die Füße des Partners und unser Fuß bilden ein Dreieck; er kann sich auch dem rechten Fuß des Partners nähern.

3. Während unser rechtes Bein vortritt, wird das Standbein schon leicht gedreht.

Anmerkungen zu Kake

1. Beim Eindrehen darf der Zug nicht gelockert werden.
2. Unseren Oberkörper halten wir bis zum Hüftkontakt mit dem Partner senkrecht, er wird erst nach erfolgtem Kontakt gebeugt.
3. Beim Eindrehen — Hineinspringen — stellen wir den linken Fuß völlig hinter unseren rechten, wobei das rechte Knie stark gebeugt wird.
4. Beim Hineinspringen muß unsere Hüfte gänzlich unter den Unterleib des Partners hineinschwingen, um unnötige Schmerzen des Partners zu vermeiden.
5. Unser Schwungbein muß gestreckt bleiben, wobei der Fußspann und die Zehen nach hinten gespannt werden. Das Standbein wird beim Wurf durchgedrückt, um den gesamten Schwung zu unterstützen.
6. Die Rückseite des Oberschenkels berührt bei einem größeren Angreifer den linken inneren, bei einem kleineren den rechten inneren Oberschenkel des Part-

ners. Ansonsten kann man bei Uchi Mata als Hüfttechnik einfach mitten durch die Beine des Partners schwingen, wobei der Wurf vollkommen durch Hüftbeugen erfolgt.

7. Unsere Hüfte soll nach erfolgtem Hüftkontakt mit dem Partner zunächst schwingen und erst anschließend gedreht werden. Dreht man sie zu früh, kann kein Erfolg erreicht werden.

8. Die Hüfte muß bis zum letzten Moment nach hinten zum Partner gedrückt und geschoben werden. Auf keinen Fall darf man nach vorne rollen, weil dies eine zu gefährliche Situation für den eigenen Nacken bedeutet.

Andere Ausführungen

1. Wenn der Partner nach links in die Kreisbewegung tritt — wie in der Nage No Kata —
Wir ziehen den Partner mit der rechten Hand heran, so daß er mit seinem linken Fuß schräg-seitwärts treten muß und somit zu unserer rechten Seite kommt. Unser rechter Arm wird stark gebeugt und bleibt an der linken Brust des Partners haften, wobei die rechte Hand den Partner nach

unten zu drücken beginnt. Dadurch wird er gezwungen, sein Gewicht auf den rechten Fuß zu verlagern. In diesem Moment drehen wir uns und schwingen mit der Rückseite des rechten Oberschenkels den inneren Oberschenkel des Partners nach oben. In der Kata erfolgt diese Art der Ausführung noch zu einem früheren Zeitpunkt, bevor der Partner seinen linken Fuß auf die Matte gestellt hat.

2. Wenn der Partner mit dem linken Fuß vortritt — wie der Eingang bei O Guruma —
Wir nähern unseren linken Fuß — Standbein — dem linken des Partners, wobei unsere Hände den Partner nach oben ziehen und sein Gleichgewicht vorwärts brechen. Beim Wurf drehen wir unseren Körper möglichst schnell auf dem linken Standbein. Das rechte Bein strecken wir zwischen die Beine des Partners, während unser Standbein zwischen seine Füße gestellt wird. Wir werfen den Partner durch unsere Körperdrehung bei der Annäherung. Um ihm keine Kontertechnik zu ermöglichen, muß sein Gleichgewicht völlig gebrochen werden.

2. STUFE UCHI MATA

Während seiner Rückwärtsbewegung springen wir zwischen die Füße des Partners, wie um sein rechtes Bein zu begleiten. Dabei drücken wir unsere Hüfte stark unter seinen Körper und schwingen unser rechtes Bein möglichst hoch. Gleichzeitig ziehen beide Hände den Partner vorwärts, so daß seine Körperfront fest an unseren Rücken gepreßt wird.

4. Wenn der Partner in der Jigo Tai — Verteidigungsposition — steht
Zunächst ziehen wir den Partner kurz herunter, um seine Reaktion zu erhalten. Mit seiner Rückkehr in die Ausgangsposition springen wir tief zwischen seine Beine.

Verteidigungen
1. Wir können mit beiden Beinen das Schwungbein des Angreifers pressen und verteidigen.
2. Wir blockieren mit dem linken Fuß den Unterschenkel des Standbeins unseres Angreifers.
3. Wenn der Angreifer eindreht, beugen wir die Knie, treten einen halben Schritt vor und blockieren mit dem Bauch seine Hüfte. Dabei drehen wir den Körper stark nach rechts und befreien unseren rechten Arm mit einem Ruck vom Zug des Partners.
4. Wir heben unser linkes Bein hoch und weichen aus.

Kontertechniken
1a. Bemerken wir zeitig den Angriff, können wir unseren Körper nach rechts versetzen, den linken Fuß heben und zu uns heranziehen. Dadurch weichen wir dem Schwingen des Partners aus, wobei er durch seinen eigenen Schwung selbst fällt, während unsere Hände seinen Schwung durch Drücken noch unterstützen.
1b. Springt der Angreifer tief und weit hinein, können wir auch mit unserem rechten Bein ausweichen und ihn leerschwingen lassen. Unser Körper muß dabei nach links versetzt werden.
2. Wie bei 1a weichen wir zunächst aus, strecken jedoch unseren linken Fuß vor dem Standbein des Partners und werfen mit linkem Tai Otoshi.
3. Steckt der Partner sein Bein zwischen unsere Füße, ziehen wir unser rechtes Bein weit zurück und drücken mit der Brust die Hüfte des Partners herunter. Dabei umklammert unser linker Arm seinen Oberschenkel von außen. Mit dem Versuch des Partners, zurückzutreten, tragen wir ihn mit dem Bauch hoch und lassen ihn anschließend vor unserem Körper wenden und stürzen — Te Guruma oder Te Uchi Mata —.

Variationen
1. Nach einem Uchi Mata-Angriff kann man mit dem Partner zusammen rollen, d. h. Uchi Mata Makikomi.
2. Erzielt man mit einem Uchi Mata-Angriff keinen vollen Erfolg, und der Partner versucht mit Beinheben auszuweichen, kann man durch Nachstellen des Standbeines weiter mit Uchi Mata angreifen, d. h. Ken Ken Uchi Mata.

Kombinationen
1. Nach Uchi Mata kann man zu Kouchi Gari und Ouchi Gari übergehen, wobei die erste eine orthodoxe Kombination darstellt. Umgekehrt kann von Kouchi Gari, Ouchi Gari zu Uchi Mata übergegangen werden.
2. Weitere Kombinationen:
Sasae Tsurikomi Ashi — Uchi Mata
Tai Otoshi   — Uchi Mata usw.

3. Stufe SANKYO

KOSOTO GAKE
TSURI GOSHI
YOKO OTOSHI
ASHI GURUMA
HANE GOSHI
HARAI GOSHI
TOMOE NAGE
KATA GURUMA

W. Hofmann dreht mit linkem Uchi Mata ein

3. STUFE KOSOTO GAKE

Diese Technik stammt vom Meister Na-
gaoka, 10. Dan*. Im Jahre 1885 kam er aus
der Provinz Okyama, wo er Ju Jutsu gelernt
hatte, nach Tokyo zum Kokodan. Seine Ju
Jutsu-Schule war die Kito Ryu Schule, wo
er hauptsächlich in Uki Goshi und Yoko
Sutemi Waza unterrichtet worden war. Dadurch besaß er beim Randori die Gewohnheit, seinen Arm unter die Achselhöhle des
Partners zu strecken, um den Rücken zu
erreichen. Jedoch trainierte im Kokodan
niemand auf diese Art, und somit fand er
mit der Zeit keinen Partner mehr, weil die
Judoka im Kokodan diesen Stil gering-
schätzten und ihre Abneigung zeigten. Nun
mußte er sein Training unterbrechen und
beobachtete aus einer Ecke des Dojo das
Training der anderen, was in Japan „Ken-
gaku" oder „Mitori Geiko" heißt, wörtlich
übersetzt „Studieren durch Beobachtung",
auch eine Art des Trainings. Dabei be-
merkte er folgendes: „Beim Vor- und Rücktritt des Partners wird sein Schwergewicht
auf einen Fuß verlagert. Gerade in diesem
Moment könnte man den Fuß des Partners
mit dem eigenen Fuß blockieren." Das war
die Grundidee von Kosoto Gake. Von diesem Zeitpunkt an durchdachte und erprobte
der Meister in jeder Hinsicht diese Technik:

Griffarten, Fußtritte zum Angriff, Angriffs-
momente usw. Als Erfolg seiner Bestrebungen wurde „Kosoto Gake" als selbständige Technik anerkannt.
Kosoto Gake ähnelt Kosoto Gari, die die
erste Technik in der zweiten Stufe der Go
Kyo bildet. Jedoch besteht zwischen beiden
ein entscheidender Unterschied: Bei Kosoto Gari sichelt man den Fuß des Partners,
während man ihn bei Kosoto Gake nur
blockiert oder stoppt und den Partner
stürzt. Anders ausgedrückt: Der Partner
stürzt bei Kosoto Gake weit vom Angriffspunkt nach hinten weg, während er bei
Kosoto Gari vom Angriffspunkt nach vorne
gezogen wird und anschließend rückwärts
auf den Angriffspunkt stürzt.

* 1877 wurde er in Okayama geboren. Im Noda
Dojo Kito Ryu hat er gelernt. Danach kam er
mit 18 Jahren zum Kokodan. Nach der Grün-
dungszeit der vier „Shitenno" wurde er der erste
Mann im Kokodan und leistete einen großen
Beitrag zur Verbreitung des Judo. In Japan war
er der erste Hochschullehrer für Judo an der
Lehrerakademie.

Ausführungen

Wenn der Partner mit seinem rechten Fuß zurücktritt

Tsukuri — Vorbereitung
Während der Partner zurücktritt, ziehen wir ihn mit unserem rechten Arm zu uns heran und drücken seinen Körper in die Richtung seines rechten Beines. Die linke Hand drückt ihn ebenfalls in die gleiche Richtung, so daß er mit seinem rechten Fuß nicht weiter zurücktreten kann. Wir stellen uns auf die Zehenballen, um die nächste Angriffsaktion besser vorbereiten zu können. Unseren rechten Fuß ziehen wir hinter den eigenen linken, wobei unsere Füße und der Fuß des Partners eine gerade Linie bilden.

Kake — Ansatz
Wir nähern uns dem Partner zunächst mit dem rechten Fuß und schieben die Hüfte vor, bis sie leichten Kontakt mit dem Partner erhält. Gleichzeitig wird die rechte Hand zum Hals des Partners hinaufgedrückt, wobei ihn die linke Hand immer weiter nach unten zieht. Im letzten Moment stellen wir unsere linke Fußsohle an die Ferse des Partners und beugen den Oberkörper stark nach unten, wobei der linke Fuß kurz nach oben gespannt und gezogen wird.

Anmerkungen zu Tsukuri
1. Wir brechen die Balance des Partners schräg-rechts nach hinten, wobei er sein Gleichgewicht durch Zug und Druck beider Hände, wie eine schräggehaltene Stange, verliert.
2. Die rechte Hand ziehen wir zunächst zum eigenen Körper und wenden sie dann zum Druck in die Wurfrichtung des Partners.

Anmerkungen zu Kake
1. Nach dem Wenden der rechten Hand müssen wir mit dem rechten Fuß — Standbein — zum rechten Fuß des Partners hineinspringen, wobei wir unseren Oberkörper senkrecht halten. Er darf nicht zu früh gebeugt werden.
2. Beim Wurf ziehen wir die linke Hand, die bis jetzt nach unten drückte, zum eigenen Körper und nach oben.
3. Das Wichtigste sind die Schritte bei der Annäherung. Wir beginnen mit dem rechten Fuß, der hinter dem linken steht, wobei das rechte Knie leicht angewinkelt bleibt.
4. Beim Wurf müssen wir durch plötzliches

3. STUFE KOSOTO GAKE

und blitzschnelles Beugen des Oberkörpers den Partner herunterdrücken. Wir haben das Gefühl, mit dem Partner zusammen zu stürzen.

Andere Ausführungen

1. Wenn der Partner mit dem linken Fuß vortritt
Während der Partner vortritt, ziehen wir ihn mit der rechten Hand zu uns heran, so daß er mit seinem linken Fuß weiter vortreten muß. Anschließend wenden wir unsere rechte Hand und drücken den Partner in die Richtung seiner rechten Körperseite, wobei sich unser rechter Fuß bereits dem rechten des Partners nähert. Weitere Ausführung wie oben beschriebene.

2. Linke Ausführung mit dem rechten Fuß
Wir halten den Partner in der rechten Griffhaltung, während wir einen halben Schritt mit dem linken Fuß zurücktreten. Gleichzeitig ziehen wir mit der linken Hand, die seinen Ärmel unter dem Ellenbogen faßt, den Arm des Partners zu uns heran. Dadurch wird der Partner gezwungen, sein Gleichgewicht auf seinen linken Fuß zu verlagern. In diesem Moment wenden wir die linke Hand und drücken den rechten Oberarm des Partners nach rechts-oben. Mit dem Andrücken des rechten Fußes an dem linken äußeren Knöchel des Partners stellen wir das Standbein — linker Fuß — nach schräg-rechts in die Wurfrichtung.

3. Ausführung an dem rechten vorgestellten Fuß des Partners
Tritt der Partner mit seinem rechten Fuß vor oder will seinen vorgestellten rechten Fuß zurückziehen, können wir mit Kosoto Gake angreifen. Jedenfalls müssen wir mit unserem Standbein einen Schritt vortreten.

Verteidigungen und Kontertechnik
1. Werden wir mit Kosoto Gake angegriffen, drehen wir den Körper weit nach rechts und ziehen den angegriffenen Fuß nach hinten.
2. Wir heben den Fuß hoch und weichen aus.
3. Mit dem angegriffenen Fuß können wir umgekehrt zurückfegen.
4. Bemerken wir zeitig den Angriff, können wir mit einer Hüfttechnik eindrehen und kontern.

Japanisch müsste man können!?

Tsuri Goshi hat heutzutage in der Judopraxis mehr historische Bedeutung. Mit ihrer Weiterentwicklung verschwand der für Tsuri Goshi günstige gebückte Stil, wobei beide Kämpfer ihren Arm unter die Achselhöhle zum Rücken des Partners strecken und kämpfen. Wenn man den Gürtel faßt, bleibt als Wurfmöglichkeit nur Tsuri Goshi; andere bewegliche Techniken werden dadurch ausgeschaltet. Nach der Judo-Reform wurde dieser Stil nach Möglichkeit vermieden. Auch nach den heutigen Kampfregeln ist es verboten, den Gürtel für mehrere Sekunden lang zu fassen. Andererseits scheint mir Tsuri Goshi der ursprüngliche Kampftyp des Zweikampfes zu sein. Oft wird diese Art während des Kindertrainings oder bei unerfahrenen Judokämpfern gesehen. Sie greifen unwillkürlich den Gürtel des Partners, obwohl sie es nicht gelernt haben. Als Notlösung kann diese Technik später, irgendwann einmal während des Randori oder im Kampf, gebraucht werden; außerdem benötigt man sie zur Ausübung der Koshiki No Kata — klassische Kata —. Nach traditioneller Einteilung gibt es „O Tsuri Goshi" und „Ko Tsuri Goshi", wobei Tori bei der ersten Art seinen Arm über die Schulter des Partners streckt und den Gürtel faßt, bei der zweiten seinen Arm unter die Achselhöhle des Partners führt und seinen Gürtel greift.

Ausführungen

Wenn der Partner mit seinem linken Fuß vortritt

Tsukuri — Vorbereitung
Kommt der Partner mit seinem rechten Fuß vor, ziehen wir ihn weiter heran, so daß er zum Verteidigen unbedingt mit seinem linken Fuß vortreten muß. In diesem Moment lösen wir die rechte Hand, die seinen Jackenrand hält, und strecken sie unter seiner Achselhöhle durch, bis sie den Gürtel auf dem Rücken faßt.

Kake — Ansatz
Normalerweise verteidigt der Partner, indem er seinen Körper bückt und vorbeugt. In diesem Moment ziehen wir mit der linken Hand seinen rechten Arm hoch, beugen unsere Knie und drehen ein. Gleichzeitig nähert sich unser rechter Fuß dem rechten und der linke dem linken Fuß des Partners. Unser Rücken hält Kontakt mit der Körperfront des Partners. Anschließend stoßen wir die Hüfte kräftig nach rückwärts, während die rechte Hand den Partner stark nach oben hebt; diese Technik nennt man „Ko Tsuri Goshi".

Anmerkungen zu Tsukuri
1. Wenn wir den Gürtel fassen, sollen wir den Partner zu uns heranziehen, um zu ver-

3. STUFE TSURI GOSHI

meiden, daß er seine Hüfte rückwärtsdrückt und unsere Hand mit einem Ruck löst.
2. Unsere linke Hand können wir nach dem Gürtelfassen zum eigenen Körper drücken, so daß der rechte Arm des Partners auf unseren Bauch oder die Brust gedrückt wird.

Anmerkungen zu Kake
1. Der Zug der linken Hand soll beim Eindrehen nicht gelockert werden.
2. Unseren Oberkörper halten wir senkrecht, bis der Hebezug der rechten Hand beginnt. Er darf nicht zu früh gebeugt werden.

Andere Ausführungen

1. Wenn der Partner seinen Oberkörper bückt
Wenn der Partner zur Verteidigung von Osoto Gari oder Harai Goshi seinen Oberkörper stark bückt und zurückweicht, können wir mit dem rechten Arm, über die Schulter hinweg, seinen Gürtel erreichen und wie bei der oben beschriebenen Ausführung eindrehen; diese Technik nennt man „O Tsuri Goshi".

2. Linke Ko Tsuri Goshi Ausführung in der rechten Griffhaltung
Während der Bewegungsabläufe können wir mit unserer linken Hand den Gürtel des Partners auf dem Rücken oder an seiner Seite greifen, wobei die rechte Hand vom Jackenrand nach dem Ärmel des Partners umgreift.

Verteidigungen
1. Wir stoßen unsere Hüfte nach hinten und reißen gleichzeitig den Griff an unserem Gürtel los.
2. Wir drehen uns nach rechts und reißen uns vom Zug der linken Hand des Angreifers los.
3. Wir verteidigen durch Armhebel des rechten Arms unseres Partners.

Variation
Nach einem Angriff kann man noch einmal durch Nachstellen der Füße mit Tsuri Goshi angreifen, wobei die Hüfte wiederum gesenkt wird.

3. STUFE YOKO OTOSHI

Yoko Otoshi hat ihren Ursprung in einer Ju Jutsu-Technik und bisher noch keine große Änderung erfahren, außer der Griffweise beim Angriff. Eigentlich sollte diese Technik aus der Jigo Tai — Verteidigungsposition — durchgeführt werden, wobei die Hand unter die Achselhöhle des Partners zum Schulterblatt gestreckt wird. Jedoch führt man heutzutage Yoko Otoshi meistens aus der normalen Position durch. Leider kann man oft sehen, daß Kämpfer unkontrolliert auf die Matte stürzen, um in Yoko Otoshi hineinzukommen. Auch wird diese Technik manchmal wegen ihrer Ähnlichkeit mit Uki Waza verwechselt. Ihre unkontrollierte Ausführung ist gefährlich, weil der Partner mit seiner Schulter seitlich auf die Matte stürzt. Die Wiederholung eines mißlungenen Yoko Otoshi-Angriffs zeigt ein unästhetisches Bild, da man mit diesem unwirksamen Angriff am Partner hängt und selbst stürzt. Daher sollen Anfänger Yoko Otoshi nach Möglichkeit nicht bevorzugt ausüben. Manchmal wird diese Bewegung zur Gewohnheit und beschränkt die Entwicklung zu anderen erfolgreicheren Techniken. Wenn höhere Dan-Träger unter ihren Spezialtechniken Yoko Otoshi als Reservetechnik halten, spielt sie manchmal eine

überraschend dramatische Rolle im Kampf. Man kann sie aber auch als Verbindungstechnik zur Bodenarbeit oder als Kontertechnik benutzen. Jedenfalls sollten Bodenspezialisten Yoko Otoshi beherrschen.

Ausführungen

Wenn der Partner mit seinem rechten Fuß seitwärtstritt

Tsukuri — Vorbereitung
Während der Schrittbewegungen lassen wir den Partner mit seinem rechten Fuß etwas schneller als üblich seitwärtstreten, so daß wir schräg vor seiner linken Körperseite in Position kommen. Die linke Hand zieht den Partner nach vorwärts-außen, die rechte drückt leicht seine Brust nach hinten, wodurch das Gleichgewicht an seiner rechten äußeren Fußkante gebrochen wird.

Kake — Ansatz
Bevor der Partner, um seine Balance zu halten, seinen rechten Fuß nach außen versetzen kann, strecken wir unser linkes Bein außen neben seinen rechten Fuß. Dabei strecken wir, den äußeren Fußknöchel des

Partners leicht schleifend, unsere linke Fußsohle außen vorbei. Mit dem Weiterstrecken des Beines fallen wir mit der linken Rückseite des Körpers, während unser rechtes Bein, mit angewinkeltem Knie, auf die Matte gestellt wird. Die linke Hand zieht den Partner herunter, die rechte drückt ihn in die Wurfrichtung. Der Partner stürzt und rollt in die Richtung seiner rechten Körperseite.

Anmerkungen zu Tsukuri
1. Das Wichtigste bei der Selbstfalltechnik ist die Wahl des geeigneten Angriffszeitpunktes und ein Angriff ohne Zögern.
2. Die linke Hand zieht den Partner zunächst nach vorwärts-außen, anschließend zum eigenen Körper, während die rechte Hand drückt.

Anmerkungen zu Kake
1. Wir spreizen das linke Bein weit seitwärts-vorwärts, wobei diese Bewegung hauptsächlich von der Hüfte eingeleitet und begleitet wird.
2. Die Gesamtaktion muß flüssig aufeinanderfolgen und blitzschnell durchgeführt werden — Tsukuri und Kake —. Nur mit Kraft den Partner herunterzuziehen, ruft

Verletzungen an seiner rechten Schulter hervor.

Andere Ausführungen

1. Wenn der Partner mit seinem rechten Fuß zurücktritt
Wir begleiten mit gestrecktem linken Bein den Rückschritt des Partners und werfen wie in der oben beschriebenen Ausführung, jedoch müssen wir Bein und Hüfte weit vor den Partner hineinschieben und fallen.

2. Wenn der Partner mit seinem rechten Fuß vortritt
Verlagert der Partner sein Gleichgewicht auf seinen rechten Fuß, können wir unser linkes Bein vor seinem rechten Fuß strecken und den Körper direkt unter dem des Partners senken.

3. Wenn beide Partner in der Jigo Tai — Verteidigungsposition — stehen
Yoko Otoshi sollte ursprünglich aus der Jigo Tai durchgeführt werden. Diese Art unterscheidet sich nicht von den oben beschriebenen Ausführungen. Da jedoch der rechte Arm unter die Achselhöhle zu dem

3. STUFE YOKO OTOSHI

Schulterblatt des Partners gestreckt wird
und die linke Hand den rechten Arm des
Partners festgreifen kann, wird die Ge-
samtausführung günstiger.

Verteidigungen
1. Wir reißen den Zug an unserem rechten
Arm ab und springen über das Angriffsbein
des Partners vor.
2. Erahnen wir zeitig einen Yoko Otoshi-
Angriff, treten wir mit dem linken Fuß vor
und stören die koordinierten Bewegungen
des Partners, wodurch er sich meistens
überdreht.

„Es ist zweifellos nützlich,
wenn man einen Spezialwurf,
also einen persönlichen Lieblingswurf hat.
Aber man darf dabei nicht vergessen,
dass ein Spezialist
mit nur einer einzigen
gekonnten Wurf- oder Grifftechnik
nicht zum Meister werden kann.
Der wahre Meister
weiß alle Techniken erfolgreich anzuwenden."

Yoshikazu Yamashita, 10. Dan (1865-1935),
erster 10. Danträger (Judan) im Kodokan, Tokyo/Japan.

Ashi Guruma ist ursprünglich auf dem Prinzip des Rades aufgebaut, wie Hiza Guruma, wobei man es das umgekehrte Hiza Guruma nennen könnte. Dabei wird der Rücken zum Partner gedreht, man stützt mit der Rückseite des Unterschenkels sein Knie und läßt ihn rollen. Heutzutage ähnelt Ashi Guruma, wenn man den Eingang betrachtet, Harai Goshi oder O Guruma. Vielleicht wird es mit der Zeit einige technische Änderungen geben, die vom ursprünglichen Prinzip abweichen. Heute wird Ashi Guruma meistens als abgewandelte Technik ·von Harai Goshi oder nach einem mißlungenen Osoto Gari-Angriff gesehen, wobei in der letzten Phase das Angriffsbein zum Drehpunkt wird. Zur näheren Erklärung des ursprünglichen Ashi Guruma die Erläuterungen aus dem „Judo Kyohon" — „Judolehrbuch" von Jigoro Kano: „Tori bricht das Gleichgewicht des Partners rechtsvorwärts — wobei Uke in der linken natürlichen Haltung — Hidari Shizentai — steht. Dann streckt Tori das rechte Bein vor dem linken Oberschenkel zum rechten Knie des Partners, wobei er mit der linken Hand den rechten Ärmel Ukes an sich zieht. Gleichzeitig zieht die rechte Hand das linke Revers des Partners kreisend nach unten. Währenddessen streckt Tori das rechte Bein wie beim Fegen, so daß Uke, auf dem rechten Bein von Tori als Drehpunkt, wie ein Rad geworfen wird."

Ausführungen

Wenn der Partner mit seinem rechten Fuß zurücktritt

Tsukuri — Vorbereitung
Tritt der Partner mit seinem rechten Fuß weit zurück, ziehen wir ihn mit der linken Hand in unsere Richtung, wodurch sein Körper nach links gedreht wird. Unsere rechte Hand und der Unterarm drücken vorwärts, so daß der Partner sein Gewicht auf den rechten Fuß verlagern muß.

Kake — Ansatz
Gleichzeitig drücken wir den rechten Fuß an die obere, äußere, rechte Knieseite des Partners, wobei die Zehen nach unten gerichtet werden und die innere Ferse den Kontakt hält. Zum Wurf stellen wir den zurückgestellten linken Fuß bis zum linken des Partners nach. Gleichzeitig drehen wir unseren Kopf und Körper nach links, während die linke Hand in die gleiche Richtung zieht. Unser rechtes Bein, die rechte Körperseite und der rechte Arm werden zum Partner gestreckt und gedrückt.

Anmerkungen zu Tsukuri
1. Das Gleichgewichtbrechen erfolgt nach außen und rechts-vorwärts.
2. Wir lassen den Partner die Hüfte möglichst nach vorne strecken, so daß er mit

3. STUFE ASHI GURUMA

ihr nicht mehr nach hinten ausweichen kann.

Anmerkungen zu Kake
1. Mit unserem rechten Angriffsfuß können wir auch unterhalb der äußeren Knieseite des Partners blockieren.
2. Beim Nachstellen des linken Fußes müssen die Zehen in die Wurfrichtung, möglichst aber nach außen gerichtet werden, um unser Drehen zu erleichtern.
3. Beim Zug müssen wir die linken Handgelenke nach außen drehen und durch Beugen des Ellenbogens den Partner stark nach oben zu unserer linken Schulter ziehen.
4. Das rechte Bein soll nicht fegen, sondern wie eine Stange gespannt und mit Unterstützung der Hüfte gedrückt werden.
5. Die Ferse bleibt durch Drehen des Fußes gespannt.

Andere Ausführungen

1. Wenn der Partner mit seinem rechten Fuß weit vortritt
Während der Schrittbewegungen weichen wir mit dem rechten Fuß nach rechts aus und ziehen anschließend unseren linken Fuß dem rechten nach, wobei die Zehen und der Oberkörper leicht nach links gedreht werden. Gleichzeitig ziehen wir den Partner mit beiden Händen nach vorne, so daß er unbedingt einen Schritt vortreten muß. In diesem Moment strecken wir unser Bein und die Hüfte vor dem Partner, während der linke Fuß weiter nach außen gedreht und nachgestellt wird.

2. Wenn der Partner unseren rechten Fuß fegt
Der Partner fegt mit seinem linken Fuß unseren rechten. Wir heben den gefegten Fuß hoch und strecken ihn bis zum rechten Knie des Partners. Gleichzeitig drehen wir, mit Nachstellen des linken Fußes, unseren Körper nach links.

Verteidigungen

1. Wir drücken mit der linken Hand den Rumpf des Partners nach hinten und brechen dadurch sein Gleichgewicht.
2. Mit unserem linken Fuß treten wir nach links hinter den Partner.

Variationen

1. Nach einem mißlungenen Harai Goshi-Angriff können wir zu Ashi Guruma übergehen.
2. Wenn der Partner mit seinem rechten Fuß Osoto Gari oder Tai Otoshi ausweicht, können wir weiter mit Ashi Guruma angreifen.
3. Greift der Partner mit Osoto Gari an und tritt zurück, kann man während dieses Rücktritts mit Ashi Guruma angreifen.

Kombinationen

Wir können von Ashi Guruma zu Osoto Gari — Harai Goshi — Tai Otoshi übergehen. Es ist jedoch günstiger, umgekehrt in die eben genannten Techniken hineinzukommen.

3. STUFE HANE GOSHI

Hane Goshi ist eine explosive Technik. Will man eine solche Leistung erbringen, muß man zunächst den ganzen Körper anspannen und zusammenziehen, wie z. B. beim Weitsprung. Dieses Prinzip wird bei Hane Goshi geschickt verwirklicht, so daß diese Technik immer hervorragende Leistungen erbringt und ein hohes Ansehen genießt.

Der Angreifer springt unter den Körper des Partners oder läßt ihn anlehnen. In diesem Moment schwingt der ganze Körper hoch, wobei das Standbein stark federt und das Angriffsbein hochschwingt. Dadurch wird der Partner im höchsten Maße angehoben und unter vollständiger Kontrolle des Angreifers gestürzt. Wegen dieses Charakters war Hane Goshi in der Judogeschichte von Anfang an beliebt, und ihre Spezialisten hatten seit jeher unter den Kämpfern herausragende Bedeutung als Techniker. Wer mit Hane Goshi angreifen will, muß sich ausreichend bewegen, um eine labile Situation für den Partner zu schaffen, in der man sich dann im passenden Moment blitzschnell und ohne zu zögern eindreht. Dazu braucht man eine starke Hüfte und federnde Beine. Auch erfordert Hane Goshi den größten Energieaufwand unter den Judotechniken. Kleinere Kämpfer können mit dieser Technik auch Größere werfen, sofern sie entsprechend in der Lage sind, das Gleichgewicht des Partners zu brechen, In der heutigen Zeit zeigt sich leider die Tendenz, daß Hane Goshi-Spezialisten immer seltener werden. Vielleicht finden wir die Ursache in der allgemeinen Verweichlichung durch die Zivilisation. Jedoch sollen Judoka nicht auf diese Technik verzichten, sondern sie nach Möglichkeit zeitig erlernen, wobei automatisch Hüft- und Beinmuskulatur gestärkt werden, was sich auch für andere Judotechniken positiv auswirkt. Außerdem wird das Gefühl zum Hüftwurf aufs feinste geschult, weil Hane Goshi keine Gewalttechnik ist und werden kann.

Ausführungen

Wenn der Partner im parallelen Stand steht

Tsukuri — Vorbereitung
Während der Schrittbewegungen finden wir den Angriffszeitpunkt, wo der Partner zum parallelen Stand kommt oder von ihm aus in eine beliebige Richtung zu treten beginnt. Wir heben etwas die linke Hand, die

den Ärmel des Partners unter seinem Ellenbogen faßt, und drücken leicht, durch Beugen des Ellenbogens, mit der rechten Hand den Partner schräg nach oben. Beide Knie werden gebeugt, wobei wir uns auf die etwas nach links gerichteten Zehen stellen.

Kake — Ansatz
Wir drehen uns vor dem Partner ein, wobei sich unser linker Fuß zunächst dem rechten des Partners nähert und das linke Knie stark gebeugt wird. Gleichzeitig wird das rechte Knie angewinkelt und die äußere Seite des Unterschenkels mit dem inneren Unterschenkel des Partners gekreuzt. Dabei halten wir den Oberkörper noch senkrecht. Die Hüfte und der Rücken bleiben in Kontakt mit der Brust und dem Unterleib des Partners. Die linke Hand zieht weiter, so daß unsere rechte Brust mit der des Partners festen Kontakt erhält. Unser rechter Ellenbogen bleibt an seiner linken Brust haften. Im letzten Moment schwingen wir unser rechtes Bein nach außen-rückwärts hoch, wobei das Bein und die Hüfte gestreckt werden, während wir das linke Knie durchdrücken und somit den gesamten Schwung koordinieren und vermehren. Anschließend ziehen wir den Partner mit beiden Händen nach unten-vorwärts, lassen ihn fallen und vor unser linkes Bein stürzen.

Anmerkungen zu Tsukuri
1. Wir dürfen nicht zu stark ziehen; der Partner wird mit lockeren und wendenden Handgelenken gezogen. Erst während des Zugs steigert sich die Zugkraft. Nach dem Eindrehen wird der Zug zum eigenen Körper fixiert.
2. Unsere rechte Hand wird durch Beugen des Ellenbogens an der eigenen Schulter oder noch höher fest angezogen.
3. Die linke Faust drehen wir nach außen und ziehen sie zur eigenen Schulter, wobei der Ellenbogen stark angewinkelt und nach oben gehoben wird. Im letzten Moment wird er zum Wurf stark zur linken Körperseite gezogen.

Anmerkungen zu Kake
1. Schon während des Eindrehens müssen wir unsere Knie stark beugen. Das Eindrehen selbst erfolgt wie ein Hineinspringen. Unser Standbein richten wir vorwärts oder weit nach links in die Wurfrichtung. Das Wenden des Fußes spielt die wichtigste Rolle.
2. Während des Drehens darf unser Oberkörper auf keinen Fall gebeugt werden.

3. STUFE HANE GOSHI

3. Wir drehen den Kopf nur wenig nach links, das Kinn ziehen wir zur Brust, so daß unser ganzer Körper unter den des Partners hineingedrückt wird.

4. Wir schwingen mit dem gesamten Körper den Partner schräg nach rechts-hinten, wobei alle unsere Gelenke plötzlich gestreckt werden und der Körper dadurch eine explosive Leistung vollbringt.

Andere Ausführungen

1. Wenn der Partner mit seinem rechten Fuß vortritt

Wir lassen den Partner vortreten und ziehen ihn weiter nach vorwärts-oben. Bevor er sein Gewicht auf den rechten Fuß verlagert, springen wir mit dem linken Fuß innen neben seinen rechten und schwingen mit dem rechten Bein hoch.

2. Wenn der Partner mit seinem rechten Fuß zurücktritt

Mit dem Beginn seines Rücktritts schwingen wir durch Eindrehen den ganzen Körper des Partners hoch. Dabei tritt unser rechter Fuß zunächst vor, anschließend folgt das linke Bein und wird zum Standbein.

3. Angriff in der Kreisbewegung

Wir treten mit dem linken Fuß schräg-vorwärts und ziehen den rechten nach. In diesem Moment dreht der Partner nach links, so daß er zu unserer rechten Körperseite kommt. Unsere rechte Hand zieht den Partner in einem waagerechten Halbkreis heran. In diesem Moment drücken wir unsere rechte Körperseite in den Partner hinein.

4a. Wenn der Partner in der Jigo Tai — Verteidigungsposition — steht

Hält der Partner einen breiten Fußabstand und bückt seinen Oberkörper, drücken wir ihn mit dem rechten Handballen kurz nach hinten. Kommt seine Reaktion nach vorne zurück, ziehen wir ihn heran und springen unter seinen Unterkörper tief hinein.

4b. In der gleichen Situation können wir den Partner auch kurz vorwärts herunterziehen und ihn wieder loslassen. Während seiner Rückkehr in die Ausgangsposition springen wir tief hinein.

Verteidigungen

1. Bemerken wir zeitig den Angriff, drücken wir den Partner nach links und brechen seine Balance.
2. Wir treten einen halben Schritt vor oder zurück und weichen aus.
3. Wir senken die Hüfte, drehen uns nach rechts und reißen uns vom Zug des Angreifers los.
4. Wir klammern mit dem linken Bein das Standbein des Angreifers.

Kontertechniken

1. Wir sicheln von hinten das Standbein des Angreifers mit Kosoto Gari.
2. Wir werfen mit Utsuri Goshi, Ushiro Goshi, Ura Nage usw.

Variation

Nach einem Hane Goshi-Angriff kann man mit Hane Makikomi weiter angreifen.

Kombinationen

1. Nach Hane Goshi kann man zu Harai Goshi übergehen.
2. Hane Goshi — Kouchi Gari
   Hane Goshi — Ouchi Gari
   und umgekehrt
   Kouchi Gari — Hane Goshi
   Ouchi Gari — Hane Goshi

Harai Tsurikomi Ashi gehört zu der Gruppe der Fußtechniken, wobei das Fegen ihr Grundprinzip darstellt. Die Technik ähnelt Sasae Tsurikomi Ashi, sie unterscheiden sich jedoch in der letzten Phase der Ausführung. Bei Sasae Tsurikomi Ashi dreht man nach erfolgtem Fußkontakt den Körper, weicht aus und läßt den Partner vorwärts-seitwärts rollen, während man bei Harai Tsurikomi Ashi ohne den Körper zu drehen, mit Unterstützung der Hüfte, den Fuß weit vorwärts fegt, den Partner anhebt und ihn vorwärtswirft. Dieser Hüfteinsatz, wobei die Hüfte stark nach vorne gedrückt wird, spielt nicht nur bei ähnlichen Fußtechniken wie Hiza Guruma, Okuriashi Barai, Deashi Barai und Sasae Tsurikomi Ashi eine entscheidende Rolle, sondern bei allen Fußtechniken überhaupt. Wenn man die schlechte Gewohnheit besitzt, die Hüfte nach hinten zu ziehen, kann man die Fußtechniken fast nie ausführen. Die Hüfte muß bei allen Fußtechniken ebenso eingesetzt werden wie der Fuß, wobei während des Einsatzes die Kraft des ganzen Körpers in den Bauch gelegt werden muß. Der Einsatz des Fußes allein genügt nicht, um den Partner zu werfen. Jeder Angriff des Fußes muß von der Hüfte unterstützt und geleitet werden, und gerade dieses Prinzip wird bei Harai Tsurikomi Ashi betont. Die günstigste Angriffsmöglichkeit dieser Technik liegt in der Rückwärtsbewegung des Partners: Der Angreifer folgt den Bewegungen und vermehrt den Schwung durch Eintritt des Standbeins unter den Körper des Partners. Erst dann erfolgt das Fegen. Der Entscheidungswille und Mut zur Durchführung bilden den männlichen Charakterzug dieser Technik.

Ausführungen

Wenn der Partner mit seinem linken Fuß zurücktritt

Tsukuri — Vorbereitung
Wir gehen ein paar Schritte vor. Tritt der Partner mit seinem linken Fuß zurück, treten wir weit unter seinen Körper und vor seinen linken Fuß. Unsere Zehen richten wir nach schräg-links, beugen tief das rechte Knie und schieben die Hüfte vor, während beide Hände den Partner hochheben.

Kake — Ansatz
In dem Moment, wo der Partner seinen rechten Fuß nachzuziehen beginnt, fegen wir von vorne, mit der linken Fußsohle und gestrecktem linken Bein den rechten Fußspann des Partners gerade vor. Währenddessen strecken wir das rechte Knie und schwingen die Hüfte weiter vorwärts. Unsere Hände setzen den Hebezug fort. Anschließend ziehen wir sie nach rückwärts und nach der Körperwende des Partners herunter.

3. STUFE HARAI TSURIKOMI ASHI

Anmerkungen zu Tsukuri

1. Beim Vortreten legen wir das Gewicht auf die Zehenballen unseres Standfußes. Dabei müssen die Zehen unbedingt nach links gerichtet werden, wodurch auch das Standbein in die Lage versetzt wird, ausreichend zu federn.

2. Die linke Hand soll beim Zug den Ellenbogen des Partners möglichst von unten nach oben drücken. Dabei sollte unser linker bzw. rechter Ellenbogen nach innen und dann nach oben geschwungen werden.

3. Das rechte Handgelenk wird in unsere Richtung gewendet und mit dem Beugen des Ellenbogens nach oben gedrückt.

Anmerkungen zu Kake

1. Der linke Fuß — Fegefuß — wird anfangs nur leicht an den Fußspann des Partners gestellt und anschließend durch Anspannen des kleinen linken Zehs und der Fußkante kräftig gefegt.

2. Während des Fegens muß unser linkes Bein gestreckt bleiben und die Hüfte unbedingt vorgeschoben werden, um die Aktion erfolgreich zu gestalten.

3. Wir tragen den Partner mit den koordinierten Bewegungen der Hände, des Bauches, Beins und Fußes nach oben.

4. Unseren Kopf sollten wir nicht allzu früh nach links richten, weil unser Körper dadurch zu früh nach links gedreht wird und sich eine negative Wirkung zu unserem Vorwärtsdrängen ergibt.

5. In der letzten Phase des Wurfs schwingen wir die Hände nach unten und verstärken das Fallen des Partners.

Andere Ausführungen

1. Wenn der Partner mit seinem rechten Fuß vorsteht

Wir ziehen den Partner kurz zu uns heran und lassen ihn dann sofort los, so daß er sich daraufhin als Reaktion zurücklehnt und seinen rechten Fuß anzieht. In diesem Moment treten wir mit dem rechten Fuß einen kleinen Schritt vor und fegen den zurückweichenden Fuß des Partners.

2. Fegen in der Kreisbewegung

Wir ziehen den Partner mit unserer rechten Hand zu uns heran, lösen sie sofort und lassen ihn mit seinem linken Fuß zurückgehen. Gleichzeitig treten wir weit in die linke Kreisbewegung vor. Mit unserer Körperdrehung fegen wir zugleich den rechten Fuß des Partners, wobei unsere linke Hand in die Kreisbewegung zieht.

Verteidigungen

1. Während des Zugs des Angreifers treten wir vor und schieben den Partner mit unserer rechten Hand nach links.

2. Wir können das gefegte Bein entspannen, beugen und über den Fuß des Angreifers treten.

Kombinationen

1. Von Harai Tsurikomi Ashi kann man fast zu allen Hüfttechniken, wie z. B. Harai Goshi, Hane Goshi, Uchi Mata usw. übergehen.

2. Als Fußtechnik kann umgekehrt von Osoto Gari zu Harai Tsurikomi Ashi übergegangen werden.

3. Auch kann man von Ouchi Gari erfolgreich zu Harai Tsurikomi Ashi übergehen.

3. STUFE TOMOE NAGE

Tomoe Nage ist die wichtigste unter den Selbstfalltechniken — Sutemi Waza —. Bei den Selbstfalltechniken unterscheiden wir die Gruppen Masutemi Waza — rückwärts — und Yokosutemi Waza — seitwärts —. Wenn man Tomoe Nage beherrscht, kann man leicht die gesamten Selbstfalltechniken erlernen. Falls Tomoe Nage seine Wirkung voll erzielt, fliegt der Partner manchmal vier bis fünf Meter weit, und der Werfer erkennt die Dynamik der technischen Ausführung. Kleinere Kämpfer haben gegenüber Größeren keinen körperlichen Nachteil. Wenn auch diese Technik keinen vollen Punkt erbringt, kann man doch günstig zur Bodenarbeit — Newaza — übergehen und weiter angreifen. Es gibt auch keine festgelegte Kontertechnik. Allerdings muß man darauf achten, daß ungeschickte und unwirksame Tomoe Nage-Angriffe nicht wiederholt werden. Bei manchen erfolgreichen Techniken muß man beim Eindrehen ein Risiko überwinden. Die Risikobereitschaft ist ein wichtiges Element auf dem Weg zum Sieg. Jedoch sind manche wiederholte und erfolglose Tomoe Nage-Angriffe nur eine Art von Scheinangriffen, denen keine geistige Aktivität innewohnt. Diese Technik sollte allgemein von Anfängern erst nach Beherr-

schung der Hüfttechnik erlernt werden. Bei der Anwendung von Tomoe Nage benötigt man unbedingt die Beherrschung der Bodenarbeit, da sonst beim Mißlingen dieser Technik ein Nachteil zur Bodenarbeit entsteht. Einige Bodenspezialisten benutzen Tomoe Nage auch als Übergang zur Bodenarbeit. Dabei wird sie meistens zu diesem Zweck variiert ausgeführt. Man verliert manchmal durch diese Technik, wenn man sie selbst nicht ausprobiert hat und sich darauf einstellen kann. Wer Judo lernt, sollte auch einmal Tomoe Nage ausüben und als Reservetechnik beherrschen.

Ausführungen

Angriff während der Vorwärtsbewegungen des Partners

Tsukuri — Vorbereitung
Wenn der Partner nach vorne drängt und uns zurückschiebt, können wir dieser Aktion nachgeben und zurücktreten.

Kake — Ansatz
Während unseres Rückschritts, stellen wir die rechte Fußsohle an die linke Leiste

des Partners und treten — wie ein Hinein-springen — mit dem linken Fuß einen hal-ben Schritt unter den Körper des Partners, der mit seinem rechten oder linken Fuß vor-tritt. Gleichzeitig setzen wir uns direkt hin-ter unsere linke Fußsohle. In diesem Mo-ment strecken wir das rechte Bein und schwingen den Partner von unten nach oben und rückwärts, während wir beide Hände zu unserem Gesicht ziehen. Der Partner rollt über unseren Kopf auf die Matte.

Anmerkungen zu Tsukuri
1. Wir können verschiedene Griffhaltungen anwenden: Bei der Übung oder Kata greift Tori mit beiden Händen das Revers des Partners, wobei er seine linke Hand unter den rechten Arm des Partners führt, um das Rollen Ukes zu erleichtern.
Während des Kampfes soll man umgekehrt die linke Hand über den rechten Arm des Partners führen und sein Revers greifen, so daß der Partner weder vorwärts noch seit-wärts ausweichen kann. Auch in der norma-len Griffhaltung — rechts oder links — wird das gleiche Ziel erreicht.
2. Während unseres Rücktritts, ziehen wir

den Partner nicht herunter, sondern heran, lassen ihn anlehnen und vortreten.

Anmerkungen zu Kake
1. Wir können beim Senken unseres Ge-säßes gleich vorwärts unter den Partner hineinspringen; dies kann auch ohne Sen-ken des Gesäßes geschehen. Auf alle Fälle muß das Gesäß unserer linken Ferse genä-hert werden, da man sonst den letzten Schwung verliert, weil die Unterstützung des linken Beines und der Hüfte fehlen.
2. In dem Moment, wo unser Gesäß die Matte berührt, wird das rechte Bein schon gestreckt und geschwungen.
3. Wir können die rechte Fußsohle auch an den Unterleib des Partners stellen, solange das Gleichgewichtbrechen und der Schwung zum Wurf ausreichen. Dabei dürfen wir we-der treten noch stoßen.
4. Beim Wurf ziehen wir den Partner zu-nächst zu uns heran und anschließend nach unten.
5. Zum Schluß strecken wir kurz das rechte Knie in die Wurfrichtung, während der Fuß-ballen den Partner bis zum letzten Moment weiterdrückt. Dabei stellen wir das linke Knie angewinkelt auf die Matte und span-nen den Bauch nach oben.

3. STUFE   TOMOE NAGE

Andere Ausführungen

1. Angriff während der Pendelbewegungen des Partners — vor und zurück — Wir treten mit dem linken Fuß leicht vor und gehen mit dem Partner zurück, so daß er mit seinem rechten Fuß unwillkürlich vortritt. In diesem Moment greifen wir, wie oben beschrieben, mit Tomoe Nage an. Wir können auch unseren Körper etwas zur Seite drehen und den Partner schräg rollen lassen. Diese Ausführung kann ebenfalls mit dem Vortreten des rechten Fußes gestaltet werden.

2a. Ausnutzung der Reaktion des Partners Wir drücken den Partner mit unserem Handballen kurz nach hinten, so daß seine Reaktion nach vorne zurückkommt.

2b. Wir ziehen den Partner mit beiden Händen kräftig und weit herunter. Während seiner Rückkehr in die Ausgangsposition greifen wir an.

3. Angriff mit dem linken Bein in der rechten Griffhaltung

Alle oben beschriebenen Ausführungen können auch mit dem linken Bein, manchmal sogar erfolgreicher, durchgeführt werden, weil Verteidigungen und Ausweichen des Partners mit seiner linken Hand versagen.

Verteidigungen
1. Bemerken wir zeitig einen Tomoe Nage-Angriff, strecken wir beide Beine nach hinten, senken unser Gewicht nach unten und fallen mit dem Bauch auf die Matte.
2. Wir treten mit dem linken Fuß vor und weichen aus.
3. Wir ziehen den sich senkenden Partner hinauf.
4. Während des Fallens drehen wir den Körper herum und fallen in die Bauchlage.

Variation und Kombination
1. Als Übergangstechnik zur Bodenarbeit läßt man den Partner nicht rückwärts- sondern seitwärtsfallen.
2. Von Ouchi Gari kann man zu Tomoe Nage übergehen.

> „Denn nur die Mühelosigkeit
> eines kraftvollen Geschehens
> zeugt von Meisterschaft."
> Ewald Hölker, Japan-Kenner.

Es ist bekannt, daß diese Technik durch mühevolles Bestreben von Jigoro Kano erfunden wurde. Als er noch bei Masatomo Iso von der Tenjin Shinyoryu Schule Ju Jutsu lernte, gab es im Dojo einen Mann namens Fukushima, der schon viel größere Fortschritte als Kano gemacht hatte. Hinzu kam, daß er ihm körperlich weit überlegen war und es Jigoro Kano fast unmöglich war, gegen ihn, während des Trainings, zu gewinnen. Diese Tatsache war für Jigoro Kano peinlich. Auch weitere Bestrebungen und Erfindungen halfen nicht. Dann schlug er Bücher über Sumo und Ringen nach, suchte seltene und sonderbare Techniken und feilte sie weiter aus. Nach mehrtägigem Studium hatte er eine neue Technik vollendet. Eines Tages endlich trug er Fukushima auf seinen Schultern hoch und warf ihn auf die Matte des Dojo.
Jigoro Kano schuf diese Technik aus der ähnlichen Ringertechnik, wobei man beim Ringen zusammen mit dem Partner nach hinten rollt, ohne ihn hochzuheben und zu tragen. Jigoro Kano hat diese Technik judomäßig aufgebaut, d. h. daß man den Partner hochhebt und stürzt. Kata Guruma ist in der Nage No Kata als dritte Technik in der Lehrfolge der Handtechniken aufgenommen und überliefert. Als Kampftechnik wird sie auch in unserer Zeit von einigen Kämpfern, oft als eine der attraktivsten Judotechniken, ausgeführt, und damit ist je-

der zu besiegen. Aber wenn man einmal mit dieser Technik geworfen hat, kann man sie nicht mehr so leicht wiederholen, da sich die Kämpfer schnell auf eine Verteidigung einstellen können. Dies bleibt vielleicht der Nachteil von Kata Guruma.

Ausführungen

Wenn der Partner mit seinem rechten Fuß zurücktritt

Tsukuri — Vorbereitung
Wir greifen mit der linken Hand den Ärmel des Partners an seinem inneren Oberarm. Anschließend setzen wir mit Kouchi Gari oder Osoto Gari an, damit er mit seinem rechten Fuß zurücktreten muß. Gleichzeitig ziehen wir unsere Hand weit an unserem Körper vorbei, so daß der Partner gezwungen wird, sich nach vorne anzulehnen.

Kake — Ansatz
In diesem Moment beugen wir tief unseren Oberkörper und führen den rechten Nakken, an der rechten Bauchseite des Partners, zum Gürtel. Die rechte Hand strecken wir zu seinem rechten Oberschenkel und greifen ihn von innen, wobei unser rechtes Bein angewinkelt zwischen die Beine des Partners hineintritt. Anschließend ziehen wir den linken Fuß nach und tragen den

3. STUFE KATA GURUMA

Partner quer auf unseren Schultern hoch.
Im letzten Moment drücken wir mit dem
linken Arm den rechten des Partners an unsere Brust und werfen den Partner, mit dem
gesamten Schwung des Körpers, schräg-
links vor uns auf die Matte.

Anmerkungen zu Tsukuri
1. Die linke Hand muß den Ärmel des Partners unbedingt von innen fassen, sonst
kann der Partner mit Würgen angreifen
oder leicht ausweichen.
2. Bevor wir mit Kata Guruma angreifen,
muß der Partner zu einer ausweichenden
Aktion einer vorhergehenden beliebigen
Technik veranlaßt werden.

Anmerkungen zu Kake
1. Während des Beugens strecken wir den
rechten Arm zum rechten Oberschenkel des
Partners und halten ihn fest, so daß er mit
seinem rechten Bein nicht mehr ausweichen kann.
2. Unser Nacken muß unter den Gürtel bis
zum rechten Oberschenkel des Partners gesenkt werden.
3. Wir ziehen den Partner kräftig heran, so
daß sein Körpergewicht nach vorne verlagert wird.
4. Bis zum Wurf muß der rechte Arm des
Partners durch unseren linken Arm kontrolliert werden, damit er nicht ausweichen
kann und Verletzungen vermieden werden.

Andere Ausführung
Wenn der Partner mit seinem rechten Fuß
vortritt
Wir gehen zurück und lassen den Partner
mit seinem rechten Fuß weit vortreten. Unsere linke Hand zieht ihn als Verlängerung
dieser Bewegung kräftig nach vorne. Anschließend drückt unser Ellenbogen seinen rechten Arm hoch, während wir gleichzeitig den Oberkörper vor dem Partner tief
beugen.

Verteidigungen

1. Wir treten mit dem rechten angegriffenen Bein weit zurück und reißen uns von dem Griff an unserem Oberschenkel los.

2. Wir strecken den rechten Fuß von hinten zum rechten Bein des Partners und klammern mit dem Fußrist sein Bein.

3. Wir befreien unseren Arm vom Zug des Partners und würgen den Hals des Angreifers.

Variation und Kombinationen

1. Kniet der Partner durch seinen oder unseren Angriff einer anderen Technik mit einem Bein auf der Matte, warten wir, bis er aufsteht und greifen während dieser Bewegung mit Kata Guruma an.

2. Von Kouchi Gari, Ouchi Gari und Osoto Gari kann man zu Kata Guruma übergehen.

„Hallo, Karl! Komm hoch!
Du hast den Wurf ‚Himmel und Erde' falsch verstanden."
PS: Tenchi-nage = der „Himmel- und Erde-Wurf" ist eine fortschrittliche Aikido-
Verteidigungstechnik im Stand (Nage-waza).

4. Stufe YONKYO

SUMI GAESHI
TANI OTOSHI
HANE MAKIKOMI
SUKUI NAGE
UTSURI GOSHI
O GURUMA
SOTO MAKIKOMI
UKI OTOSHI

Uki Otoshi, Uke D. Thomas

4. STUFE SUMI GAESHI

Sumi Gaeshi ist eine alte Ju Jutsu-Technik, die auf dem Feld zwischen zwei gerüsteten Kämpfern ausgetragen wurde. Besonders die Kito Ryu Schule, wo auch Jigoro Kano Gelegenheit hatte zu lernen, war bekannt für solche Selbstfalltechniken. Die Schüler pflegten untereinander geschickt aus der Jigo Tai — Verteidigungsposition — Selbstfalltechniken wie Tomoe Nage, Uki Waza und das hier beschriebene Sumi Gaeshi auszuüben. Auch im modernen Judo ist Sumi Gaeshi in der Verteidigungsstellung für beide Partner günstig. Da aber heutzutage nicht mehr aus der Jigo Tai gekämpft wird, kann man mit dieser Technik gegen eine ähnliche gebückte Haltung des Gegners angreifen. Sumi Gaeshi gehört zu den Selbstfalltechniken rückwärts — wie Tomoe Nage —, wobei gerade-rückwärts über den Kopf des Angreifers geworfen wird, jedoch unterscheidet sie sich durch den Fußeinsatz. Bei Sumi Gaeshi bleibt der Fußspann an der Knieinnenseite des Partners fest angelegt, wo er den Partner während des Wurfs kontrollieren kann. Darin liegt der Vorteil von Sumi Gaeshi als Selbstfalltechnik. Wenn auch der Partner seinen Körper zur Verteidigung bückt, kann man ihn dennoch durch die Wirkung des An-griffsbeines und mit der Kontrolle beider Hände werfen. Während man in der Kata gerade über den Kopf nach rückwärts wirft, sollte in Wirklichkeit der Partner etwas schräg zur Seite geworfen werden, dorthin, wo die Hand seinen Ärmel faßt. Diese Art des Wurfes verhindert den direkten Sturz der Schulter und verringert die Verletzungsgefahr. Auch als Verbindungstechnik zur Bodenarbeit muß man unbedingt seitwärtswerfen.

Ausführungen

Wenn der Partner mit seinem linken Fuß vortritt

Tsukuri — Vorbereitung
Wir gehen mit dem rechten Fuß einen Schritt zurück, so daß der Partner zunächst mit seinem linken Fuß und anschließend mit dem rechten vortreten muß, um wieder in die natürliche Haltung zu gelangen.

Kake — Ansatz
Tritt der Partner mit seinem rechten Fuß in den parallelen Stand, stellen wir das linke angewinkelte Bein zwischen seine Beine

und senken unser Gesäß und Rücken auf die Matte. In dem Moment, wo der Partner seinen Oberkörper völlig beugt, stellen wir den Fußspann oberhalb des Knies an seinen inneren Oberschenkel und schwingen mit unserem rechten Bein, indem wir das Knie durchdrücken, den Partner nach oben-rückwärts. Gleichzeitig ziehen wir unsere linke Hand kurz zum eigenen Körper, damit der Partner schräg über den Kopf rollt und ihn unser rechter Fußspann vorteilhafter drücken kann.

Anmerkung zu Tsukuri
Wenn der Partner mit seinem rechten Fuß vortritt, zwingen wir ihn, seinen Oberkörper zu beugen.

Anmerkungen zu Kake
1. Wir stellen den linken Fuß zwischen die Füße des Partners, wobei die Fußkante und Zehen die Matte leicht schleifen und der Fuß weiter unter den Körper des Partners hineingeführt wird.
2. Beim Ansatz des rechten Fußspanns soll das Knie angewinkelt und etwas nach außen gedrückt werden.
3. Wir senken das Gesäß möglichst nahe zum linken Fuß des Partners.

Andere Ausführung
Angriff in der Jigo Tai — Verteidigungsposition —
Während des Kampfes, winkeln wir mit dem linken Arm den rechten des Partners und drücken ihn in unsere linke Achselhöhle. Die rechte Hand strecken wir durch die Achselhöhle des Partners zu seinem linken Schulterblatt. Weitere Ausführung wie oben beschriebene.

Verteidigung
Werden wir mit Sumi Gaeshi angegriffen, treten wir mit dem linken Fuß weit vor, so daß der Fußspann des Angreifers wegrutscht.

Variation
Wenn der Partner zur Verteidigung seine Hüfte weit nach hinten streckt und seinen Oberkörper tief beugt, drücken wir ihn mit der rechten Hand herunter und greifen über seinen Rücken hinweg mit der linken Hand den Gürtel, werfen ihn wie in der oben beschriebenen Ausführung und gehen zur Bodenarbeit über — Hikikomi Gaeshi —.

111

4. STUFE TANI OTOSHI

Tani Otoshi ist ebenfalls eine alte Ju Jutsu-Technik, mit der man aus der „Jigo Tai" – Verteidigungsposition – heraus angreift. Der Ursprung dieser Idee lag darin, den Partner rückwärts zu werfen, um eine Schockwirkung zu erzielen. Bei manchen alten Zweikampfarten mußte wegen des von alters her turnierhaften Charakters der Angreifer unbedingt im Stand bleiben – Sumo, Keltisches Ringen oder Georgien-Ringen im Kaukasus –. Daher gab es keine Entfaltung der Selbstfalltechniken wie beim Judo, das sich jahrhundertelang als Kriegskunst, um Leben und Tod, entwickelt hatte. Als sich die heutige Form des Judo festlegte, wurden zahlreiche gefährliche Selbstfalltechniken beseitigt, besonders solche, bei denen der Partner direkt nach rückwärts stürzte. Auch „Kani Bazami" – Schere – verschwindet langsam wegen dieses Merkmals aus der Judopraxis. Dagegen haben sich judomäßige, sportliche Techniken wie Kouchi Gari, Ouchi Gari und Kosoto Gari immer mehr entwickelt. Andererseits bleibt immer noch die ursprüngliche Idee und Neigung zum Zweikampf, wobei der größtmögliche Effekt durch eine äußerst wirksame Technik erreicht werden soll. Tani Otoshi gehört zu dieser Technik. Heutzu-

tage sind die Kämpfer dazu übergegangen, mit Tani Otoshi aus der „Shizentai" – natürlichen Haltung – heraus anzugreifen. Dabei nutzen sie meistens die Reaktionen des Partners auf die eigenen Täuschungen geschickt aus, um zu Tani Otoshi überzugehen und führen dadurch manchmal eine dramatische Beendigung des Kampfes herbei. Tani Otoshi bleibt auch als Kontertechnik häufig erfolgreich. Oft wird sie mit Yoko Otoshi verwechselt, jedoch besteht ein entscheidender Unterschied sowohl in der Ausführung als auch in der Wurfrichtung. Bei Yoko Otoshi wird der Partner rechts-seitwärts geworfen, während er bei Tani Otoshi rechts-rückwärts fällt. Der Zug der linken Hand ist bei Yoko Otoshi stärker, während bei Tani Otoshi die rechte Hand die Hauptrolle spielt und vorwärts in die Wurfrichtung eingesetzt wird.

Ausführungen

Wenn der Partner mit seinem rechten Fuß vortritt

Tsukuri – Vorbereitung
Wenn der Partner mit dem rechten Fuß vortritt oder vorgetreten ist, ziehen wir ihn mit der linken Hand kräftig zu uns heran, wobei

er etwas nach innen-rechts gedrückt wird und schräg vor unserem linken Fuß zu stehen kommt. Will der Partner zurückdrehen, ziehen wir ihn herunter.

Kake — Ansatz
Während seines Zurückdrehens, nutzen wir

diese Reaktion aus und fallen mit gestrecktem Bein hinter die Füße des Partners, dorthin, wo unsere äußere linke Bein- und Körperseite die Matte berühren. Die linke Hand zieht den Partner herunter, während ihn die rechte nach hinten drückt.

Anmerkungen zu Tsukuri
1. Das Gleichgewichtbrechen — Kuzushi — erfolgt meistens durch ein Antäuschen einer anderen Technik. Zu diesem Zweck wählen wir eine rechte oder linke Hüfttechnik, wobei nur der Eingang charakteristisch stark betont wird, um die Reaktion des Partners zu erhalten. Auf alle Fälle aber lassen wir den Partner zurücklehnen.
2. Beide Hände müssen wir rationell einsetzen: Wir ziehen mit der linken Hand den Partner nach innen zu uns heran, so daß er sich nach rechts drehen muß. Anschließend erfolgt dieser Zug umgekehrt nach rückwärts. Unsere rechte Hand ziehen wir dann zunächst heran und drücken sie wei-

ter zum Hals des Partners, so daß der Partner nach rechts-rückwärts gedrängt wird.

Anmerkungen zu Kake
1. Unsere Hüfte spielt beim Fallen die wichtigste Rolle. Wir schieben sie mit Schwung vorwärts, wobei der rechte Fuß diese Vorwärtsbewegung begleitet.
2. Der linke Fuß soll gestreckt und die Zehen in unsere Richtung zeigen, damit das ganze Bein angespannt werden kann.

Andere Ausführung
Tani Otoshi als Kontertechnik
a) Will der Partner mit einer Hüft- oder Fußtechnik, wie z. B. Osoto Gari angreifen, können wir rechtzeitig mit Tani Otoshi kontern.
b) Will der Partner nach einem mißlungenen Angriff zurückdrehen, können wir mit Tani Otoshi angreifen.

Verteidigung
Werden wir mit Tani Otoshi angegriffen, drehen wir den Körper stark nach rechts und reißen uns vom Zug des Partners los.

Kombinationen
1. Osoto Gari — Tani Otoshi; Kosoto Gari — Tani Otoshi
2. Man kann von jeder linken Hüfttechnik zu Tani Otoshi und von jeder rechten Hüfttechnik zu linkem Tani Otoshi übergehen.

4. STUFE HANE MAKIKOMI

Hane Makikomi ist sicher eine Abwandlung von Hane Goshi. Wird mit Hane Goshi keine volle Wirkung erreicht, dann rollt man sich selbst mit dem Partner zusammen ein und erzielt damit eine weitere Wirkung. Dies könnte der Ursprung von Hane Makikomi sein. Jedoch sieht man diese Technik heute nicht mehr so oft, während Soto Makikomi häufiger angewandt wird. Der Grund mag darin zu finden sein, daß bei Hane Makikomi der Einsatz des Angriffsbeines schwieriger durchzuführen ist, obwohl das Rollen selbst und das Loslassen der Hand leicht auszuüben sind. Wegen ihrer Qualität sollte sie nicht als Spezialtechnik erlernt werden. Mit der Entwicklung der Kampftechniken gestalten sich alle Hüfttechniken im Kampf als Makikomi Waza, wie Hane Makikomi, Harai Makikomi und Uchimata Makikomi, wobei man nach dem Ansatz mit dem Partner zusammen fällt, um die Wirkung zu verstärken, und ein Ausweichen nach dem Wurf verhindert. Dabei schwingt man mit der Hüfte den Partner vollkommen hoch, während die rechte Kontrollhand das Revers des Partners bis zum letzten Moment festhält. Der Angreifer fällt und drückt hierbei den Körper des Partners zu Boden. Dieser Charakter sollte eigentlich auch der des hier beschriebenen, eigenständigen Hane Makikomi sein. Das tiefe Rollen vorwärts von Anfang an erzielt nur eine geringe Wirkung, wobei der Partner manchmal blockieren und stehenbleiben kann. Bei Hane Makikomi muß man darauf achten, daß die Schulter des Partners beim Zusammenfallen nicht verletzt wird. Durch zeitigen Brustkontakt beim Eindrehen wird eine solche Verletzung vermieden, und man erzielt auch die gewünschte Wirkung.

Ausführungen

Wenn der Partner mit seinem rechten Fuß vortritt

Tsukuri — Vorbereitung
Wir lassen den Partner vorwärtstreten, ziehen seinen Arm mit der linken Hand zu uns heran und fixieren ihn an unserer linken Brust. Unser linker Fuß steht in der Nähe des rechten Fußes des Partners, wobei wir ihn in die Wurfrichtung stellen.

Kake — Ansatz
Wir kreuzen unsere äußere rechte Seite des Schienbeins mit dem inneren Unterschen-

kel des Partners. Gleichzeitig heben wir den rechten Arm hoch und führen ihn vor dem Kopf des Partners bis zu seiner rechten Schulter vorbei, so daß unser Oberarm die rechte Schulter des Partners berührt. Im letzten Moment schwingen wir, mit dem Drehen des ganzen Körpers, unser rechtes Bein nach oben-außen und rollen mit dem Partner zusammen auf die Matte, wodurch er vorwärts und auf seinen Rücken stürzt.

Anmerkung zu Tsukuri
Die linke Hand greift die Jacke des Partners unter seiner Achselhöhle oder innen an seiner Schulter. Fassen wir den Ärmel zu tief, können wir keinen vollen Brustkontakt halten.

Anmerkungen zu Kake
1. Wir strecken unseren rechten Arm ziemlich hoch, so daß unser Oberarm senkrecht gehoben wird und wir nicht mit dem angewinkelten Ellenbogen in das Gesicht des Partners schlagen.
2. Den linken Fuß müssen wir in die Nähe des linken unseres Partners stellen, um genügend Kraft zum Hochschwingen zu erhalten.

3. Wir sollen nicht seitwärtsrollen, sondern nach dem Schwingen des rechten Beines nach vorwärts.
4. Das linke Standbein wird während des Schwingens gestreckt, um den Partner stabil hochzutragen.

Andere Ausführung
Angriff in der Drehbewegung
Wir lassen den Partner schräg nach halbrechts kreisen, wobei unser linker Fuß vor dem linken des Partners steht. Tritt der Partner mit seinem rechten Fuß auf die Matte, drehen wir uns auf dem linken Fuß, der zum Drehpunkt wird, vor den Partner hinein. Gleichzeitig schwingen wir das rechte Bein und drehen uns mit dem Zug der linken Hand. Anschließend rollen wir mit gestrecktem rechten Arm vorwärts vor den Partner.

Verteidigung
Werden wir mit Hane Makikomi angegriffen, reißen wir zunächst den Zug der rechten Hand ab, drehen nach rechts und blockieren die Hüfte des Angreifers.

115

4. STUFE SUKUI NAGE

Sukui Nage heißt wörtlich übersetzt: „Schöpfen-Wurf". Sie ist eine alte Ju Jutsu-Technik, die in jeder Ju Jutsu-Schule unter einem anderen Namen unterrichtet wurde. Auch im Judo nahm sie ursprünglich in der Kata eine Stelle ein. Die Kata-Ausführung ähnelte Seoi Nage und Uki Goshi, wobei Tori gegen Uke angriff, der zuvor mit dem Arm Toris Kopf angreifen wollte. Tori umfaßte dabei den Unterleib Ukes und warf den Partner nach seitwärts-rückwärts. Wegen dieser schwierigen und gefährlichen Falltechnik wurde sie später durch Kata Guruma ersetzt, und es entstand die heutige Reihe der Handtechniken Uki Otoshi, Seoi Nage und Kata Guruma. Heutzutage wird Sukui Nage kaum noch auf der Matte gesehen. Man benutzt als ähnliche Technik aus dem Go No Sen — Angriff nach dem Angriff — mehr Te Uchi Mata oder Te Guruma. Damit erzielt man mehr Erfolg gegen den Partner, der frontal in der Vorwärtsbewegung angreift.

Ausführungen

Wenn der Partner mit seinem rechten Fuß vortritt

Tsukuri — Vorbereitung
Wir ziehen den Partner mit unserer linken Hand von außen nach innen, so daß er von links nach rechts vor uns tritt und wir fast parallel hinter ihm stehen. In diesem Moment greift die rechte Hand um und faßt den rechten hinteren Oberschenkel des Partners.

Kake — Ansatz
Nach dem Zufassen der rechten Hand lösen wir die linke Hand und führen sie, vor dem Körper des Partners vorbei, zu seiner linken Hüfte. Gleichzeitig senken wir die eigene Hüfte tiefer und bringen die linke Hüftseite hinter das Gesäß des Partners. Im letzten Moment drücken wir die Hüfte vor, heben den Partner mit beiden Händen hoch und drehen unseren Körper nach links, wodurch der Partner links-rückwärts stürzt.

Anmerkungen zu Tsukuri
1. Wir treten mit Tsugi Ashi — Nachstell-schritt, rechts dann links zurück, wobei wir den Partner mit seinem rechten Fuß weit vortreten lassen.
2. Wir greifen mit der rechten Hand von außen den Oberschenkel des Partners, so daß die Hand und der Unterarm mit dem Oberschenkel des Partners eine Parallele bilden. Zugleich drückt unsere Hüfte von hinten die Hüfte des Partners.

Anmerkungen zu Kake
1. Den linken Arm drücken wir zu unserem Körper, wobei der Rumpf des Partners mit angedrückt wird.
2. Beim Anheben müssen wir unseren Bauch — Hüfte — stark vorwärts und nach oben schwingen.

Andere Ausführung
Ausführung mit der linken Hand
Greift der Partner mit Osoto Gari, Harai Goshi oder Uchi Mata an, können wir mit der linken, anstatt der rechten Hand, den Oberschenkel des Partners von hinten fassen. Bei einem Osoto Gari-Angriff müssen

wir unseren Kopf, unter dem Arm des Partners durch, an seinen Rücken anlehnen. Dabei drücken wir unseren Arm und das Bein des Partners fest an unseren Körper, schieben den Bauch kräftig hoch und lehnen uns zurück, wodurch der Partner schräg vor uns in die Rückenlage gehoben wird. Anschließend lassen wir ihn herunterrollen, so daß er mit seiner linken Körperseite nach unten fällt und, nach dem Loslassen unserer linken Hand und seinem Weiter-drehen mit der rechten Hand, abschlagen muß. Diese Technik heißt: „Te Guruma" oder „Te Uchi Mata".

Verteidigungen gegen Sukui Nage
1. Wir beugen unseren Oberkörper stark nach unten und verteidigen.
2. Wir klammern mit dem rechten Fuß den rechten des Partners von innen.

Verteidigung gegen Te Guruma
Werden wir von dem Angreifer angehoben, kommen wir zur senkrechten Position zurück, wobei wir das Körpergewicht nach unten senken und den Griff der linken Hand unseres Partners losreißen.

117

4. STUFE UTSURI GOSHI

Utsuri Goshi gehört zu der Gruppe der Hüfttechniken und innerhalb dieser zu den Kontertechniken. Sie stellt eine typische Vertreterin des Go No Sen dar, wo man, nach dem Angriff des Partners, die Bewegungen mitverfolgt oder seinen Reaktionen gemäß kontert und durch einen eigenen Angriff siegt. Jedenfalls liegt der Angriffszeitpunkt einer solchen Technik später als der des Partners. Mit Utsuri Goshi werden besonders geschickt die gesamten Bewegungen des Partners mit-verfolgt. Man unterscheidet zwei Arten von Utsuri Goshi: Bei der ersten wird einfach das Hüfteindrehen des Partners blockiert, bei einem weiteren Versuch sein Eindrehen begleitet, stellt sich vor ihn und wirft mit linkem O Goshi. Bei der zweiten schwingt man mit der Vorderbewegung der Hüfte gegen den eingedrehten Partner, hebt ihn hoch, dreht in diesem Moment die eigene Hüfte und wirft wie mit linkem Harai Goshi, wobei die hochgeschwungene Hüfte zum Drehpunkt wird. Ist diese Technik während

des Trainings geübt worden, wird man sie beim Kampf unerwartet und überraschend wirksam einsetzen können. Manche selten benutzten Techniken, die man einmal gelernt und geübt hat, tauchen nach langer Zeit unbewußt immer noch einmal auf, wo sie in einem heißen Kampfablauf manchmal die entscheidende Wende bringen.

Ausführungen

Als Kontertechnik gegen Uki Goshi, O Goshi, Tsurikomi Goshi, Hane Goshi usw.

Tsukuri — Vorbereitung
Greift der Partner zu hoch mit einer oben genannten Hüfttechnik an, beugen wir beide Knie und senken somit unseren Schwerpunkt. Gleichzeitig ziehen wir die rechte Hand zu uns heran und drücken den

4. STUFE   UTSURI GOSHI

Rumpf des Partners an unseren Körper, wobei ihn der linke Arm umarmt.

Kake — Ansatz
Wir drücken mit unserem Bauch den Partner nach vorwärts-oben und heben ihn mit Unterstützung beider Hände an. Während der Partner angehoben ist, strecken wir das linke Bein vor ihm hoch und lassen ihn auf diesem gestreckten Bein nach links-vorwärts rollen.

Anmerkungen zu Tsukuri
1. Wir wählen den Zeitpunkt zum Kontern, wo der Partner mit Schwung angreift.
2. Der Partner wird möglichst hoch angehoben, so daß wir, während er zurückfällt, unsere Hüfte von hinten-links nach vorne wenden und schieben können.

Anmerkungen zu Kake
1. Wir schwingen das linke Bein hoch, um unsere Körperwende beim Fallen zu erleichtern. Den fallenden Partner fangen wir mit dem Schwingen unserer Hüfte und des Beines auf und blockieren ihn von vorne.
2. Beim ersten Hüftschwingen darf unsere Hüfte nur wenig Kontakt mit dem Rücken des Partners halten.

Andere Ausführung

Ausführung ohne Anheben des Partners
Greift der Partner mit einer Hüfttechnik an, rücken wir unsere Hüfte nach rechts, indem wir den rechten Fuß nach rechts-außen stellen. Wir stehen hinter dem Partner, beugen unsere Knie und senken tief den Körper. Unsere linke Hand führen wir zur Leiste des Partners, wobei der linke Handrücken angespannt wird und mit ihr Kontakt hält. Die rechte Hand greift um und faßt den Ellenbogen — nicht den Ärmel — des Partners von außen, zieht ihn zu unserem Körper heran und drückt ihn dann zum Unterleib des Partners. Mit seinem weiteren Versuch, den Körper zu drehen, gleiten wir mit unserer linken Hüfte über die rechte des Partners vor ihn hin, wobei unser Körper an der rechten Hüftseite des Partners in die Rückenlage übergeht. Anschließend werfen wir mit linkem O Goshi.

Verteidigung
Werden wir mit Utsuri Goshi angehoben, klammern wir von innen mit dem rechten Bein oder mit dem linken das linke des Partners, wobei unser Fußspann die Wade des Partners umhakt.

„Jiu-Jitsu ist die Kunst
des wirkungsvollsten Gebrauchs
der geistigen und körperlichen Kraft.
Und Judo ist ihr Weg oder Grundsatz."
Jigoro Kano, Begründer des modernen Judo (1860-1938).

Diese Technik wurde vom letzten 10. Dan-Träger Kyuzo Mifune erfunden. Er schreibt in seinem Buch „Do To Jutsu" über O Guruma: „Eine kleinere Technik zu benutzen, ist die klügere Lösung für einen körperlich Kleineren, um einen Größeren zu besiegen. Während des Studiums beschäftigte ich mich damit, ob dennoch ein Mittel existiert, größere Gegner mit einer großen Technik zu werfen, ohne größere Kraft aufzuwenden. Da der Schwerpunkt des Größeren höher liegt als beim Kleineren, kann man leichter sein Gleichgewicht brechen, indem man ihn zu einem runden Bogen oder zu einer runden Bewegung veranlaßt und ihn hochhebt. Ich dachte, es ist klug, wenn der eigene Körper innerhalb des vorteilhafteren inneren Kreises seine Position hält und man den Gegner in einer äußeren Kreisbewegung herumziehen kann. Aus diesen Überlegungen heraus habe ich die Technik erfunden."

O Guruma ähnelt Harai Goshi, jedoch bestehen klare Unterschiede: Bei Harai Goshi schwingt das Bein den Oberschenkel des Partners weg, während bei O Guruma der eigene Oberschenkel gestreckt und somit zur Drehachse beim Wurf wird. Auch der Eingang zum Wurf ist manchmal unterschiedlich, wobei man die Bewegungen des Partners bei O Guruma nachlaufend mitverfolgt und bei Harai Goshi den Partner meistens das eigene Eindrehen verfolgen läßt.

Ausführungen

Wenn der Partner schräg-vorwärts in die Kreisbewegung tritt

Tsukuri — Vorbereitung
Wir ziehen mit beiden Händen den Partner schräg vor, so daß sein Gleichgewicht schräg-vorwärts, auf seinem rechten Fuß, gebrochen wird. Während dieses Schrittes treten wir mit dem linken Fuß vor den linken des Partners und stellen uns somit vor seine linke Körperseite. Unser rechtes Bein wird angewinkelt und angehoben.

Kake — Ansatz
Mit dem Drehen unseres linken Fußes nach innen drehen wir den ganzen Körper vor dem Partner scharf nach links und strecken das rechte Bein an seiner rechten Körperseite vorbei. Beide Hände verlängern die Kreisbewegung des Partners und heben ihn hoch.

Anmerkungen zu Tsukuri
1. Das linke Standbein ist angewinkelt und federt. Dabei stellen wir uns auf die Zehenballen, um die Drehbewegung leichter einleiten zu können.
2. Unser rechtes Bein wird hochgehoben, bis die Fußspitze die Gürtelhöhe erreicht. Die Zehen werden gespannt und zeigen in die Richtung der rechten Leiste des Partners.

4. STUFE O GURUMA

Anmerkungen zu Kake

1. Wir strecken das rechte Bein vor der rechten Leiste des Partners, wobei wir aber den ganzen Körper weiter nach links drehen.
2. Unseren Kopf drehen wir nach links, um das gesamte Drehen zu verstärken.
3. In der letzten Phase soll das rechte Bein gedreht sein, so daß die Ferse nach oben zeigt. Es macht sich eine Tendenz bemerkbar, daß der Fuß nach oben gehoben wird.

Andere Ausführung

Wenn der Partner mit seinem linken Fuß vortritt
Wir stellen den linken Fuß vor den linken des Partners, wobei wir mit der rechten Hand den Partner besonders hoch anheben. Das Gleichgewicht des Partners wird gerade-vorwärts gebrochen. In diesem Moment drehen wir, mit angehobenem rechten Bein, vor ihm ein, wobei das Bein möglichst weit zur Leiste des Partners gestreckt wird.

Verteidigungen

1. Wir lehnen den Oberkörper zurück, drehen uns nach rechts und reißen den Zug des Angreifers ab.
2. Wir stützen mit der linken Hand den Rumpf des Partners und verhindern dadurch sein Eindrehen.

Variation und Kombination

1. Mit dem O Guruma-Eingang kann man weiter mit Tai Otoshi, Harai Goshi und Uchi Mata angreifen.
2. Man kann von Osoto Gari zu O Guruma und umgekehrt übergehen.

Kyuzo Mifune, 10. Dan, bei der Demonstration des O-guruma (Großes Rad).

4. STUFE SOTO MAKIKOMI

Soto Makikomi gehört zu der Gruppe der Handtechniken. Ursprünglich existierten nur Soto Makikomi und Uchi Makikomi. Mit der Entwicklung der Kampfgeschichte des Judo sind weitere Makikomi Waza, wie Harai Makikomi, Hane Makikomi, Uchi Mata Makikomi usw. entstanden. Wenn man jede Technik genau analysiert, ist die jetzige Gruppierung ungünstig. Manche dieser Techniken könnten zu den Handtechniken, andere wiederum zu den Hüfttechniken gehören. Man könnte sie sogar alle zu den Selbstfalltechniken rechnen. Einige Spezialisten behaupten, daß eine selbständige Gruppe Makikomi Waza geschaffen werden sollte. So betrachtet ist es zu verstehen, daß Judotechniken in ihren Nuancen, Ausführungen und Wirkungen unterschiedlich sind.

Das hier beschriebene Soto Makikomi wird zur Zeit in Europa am häufigsten von allen Techniken überhaupt gesehen, während man es in Japan nur sehr selten beobachten kann. Japaner haben eine gewisse traditionelle Vorstellung und ein Ideal beim Wurf: Nach Möglichkeit soll der Angreifer nach dem Wurf stehenbleiben, weil er den letzten Einsatz durch das Körpergewicht vermeiden will. Hier in Europa sind jedoch die gesamten Judotechniken gleich stark verbreitet. Der Grund mag darin liegen, daß sie nicht ausgesucht bewertet werden, welche von ihnen für Anfänger didaktischen Wert besitzen und welche im Kampf die wirkungsvollsten sind. Jede Judotechnik sollte jeweils in den Stufen des Erlernens und der Anwendung für den Judoka die entsprechende Bedeutung haben. Techniken in der höheren Go Kyo Stufe ohne Beherrschung der fundamentalen Techniken bleiben wirkungslos, weil ein richtiger Stand und eine starke Hüfte — die Basis zu weiteren, höheren Techniken — nicht durchtrainiert worden sind. Die zu häufige Anwendung von Techniken in einer höheren Go Kyo Stufe verhindert eine gesunde Entwicklungsbasis. Soto Makikomi gehört zu einer solchen Technik, da der Angreifer meistens den Partner durch sein Körpergewicht und der Kraft des eigenen Sturzes wirft. Weil die Kontrolle der rechten Hand fehlt, kann man gegen einen qualifizierten Kämpfer meistens keine Wirkung erzielen.

Ausführungen

Wenn der Partner mit seinem rechten Fuß vortritt

Tsukuri – Vorbereitung
Kommt der Partner mit seinem rechten Fuß vor, ziehen wir mit der linken Hand seinen rechten Arm zu unserem Körper und drücken ihn fest an. Die rechte Hand lösen wir vom Revers des Partners, strecken den rechten Arm nach oben und führen ihn, am Gesicht des Partners vorbei, zu seiner rechten Schulter. Beide Füße stehen vor denen des Partners.

Kake – Ansatz
Mit unserem Kopfdrehen nach links strecken wir das rechte Bein an dem rechten des Partners vorbei. Gleichzeitig drehen wir unseren Körper rechts-vorwärts, so daß der Partner durch unsere Hilfe angehoben wird und nach vorne rollen muß.

Anmerkungen zu Tsukuri
1. Wir halten den rechten Arm des Partners mit unserer linken Hand fest, so daß er sich mit seiner Hand während des Fallens nicht auf die Matte stützen kann.

2. Der Partner darf nicht mit dem Ellenbogen gestoßen werden.

Anmerkungen zu Kake
1. Wir ziehen den Partner zu uns heran und fixieren seinen Arm bis zum letzten Moment an unserem Körper.
2. Die Wurfrichtung ist gerade-vorwärts, d. h. wir müssen die Hüfte, nach erfolgtem Körperkontakt mit dem Partner, weit nach außen schieben und ihn über unsere Hüfte vorwärtsrollen lassen. Dabei drehen wir unseren Kopf und Oberkörper stark nach links.

Andere Ausführung
Wenn der Partner seinen rechten Fuß weit zurückzieht
Wir begleiten mit dem rechten Fuß den Rücktritt des Partners, lösen unsere rechte Hand und drücken mit der rechten Brust die rechte des Partners in die Schrittrichtung. Mit dem Nachstellen des linken Fußes zum inneren linken Fuß des Partners strecken wir unser rechtes Bein an seinem rechten vorbei und rollen vorwärts.

Bild links, oben: Die jüngsten Schüler im japanischen Judo-Institut „Kodokan" hören sich vor dem Training die Verhaltensregeln des Meisters an. Bild links, unten: Dann geht es weiter mit den Fall-übungen rückwärts Ushiro-ukemi.

Uki Otoshi gehört zu der Gruppe der Hand-techniken. In der Nage No Kata bildet sie die allererste Technik. Aber es scheint mir, daß Uki Otoshi hauptsächlich beim Studium des Judo eine Rolle spielt, da sie in Wirk-lichkeit und im Kampf kaum erscheint. Uki Otoshi verdeutlicht das Prinzip des Wurfes überhaupt. Sie besitzt symbolhaften Wert und ist beispielhaft für die gesamten tech-nischen Ausführungen des Wurfes. Die ab-strahierte Bewegung dieser Technik zeigt in ihrer Durchführung sogar Eleganz und Würde des Zweikampfes. So nimmt sie zu Recht die erste Stelle in der Kata ein. Die Schrittbewegungen, die mit „Tsugi Ashi" — Nachstellschritt — ausgeführt werden, sind die Vorbereitung zum Gleichgewicht-brechen. Tori bricht während dieses Schleif-schrittes — Suri Ashi — unbemerkt das Gleichgewicht des Partners, bringt ihn weiter in eine ausweglose Situation, zieht ihn im letzten Moment weit heraus und läßt ihn groß vorwärtsrollen. Dabei bleibt sein eigener Körper wie ein Block auf der Matte knien. Der runde Ablauf und die Aus-führung des Kuzushi — Gleichgewicht-brechen —, Tsukuri — Vorbereitung — und Kake — Ansatz —, lassen die Übenden die-ses Prinzip bis ins Feinste erkennen. Uki Otoshi bleibt als Technik für einen Meister in unbegrenzter Art und Ausdrucksform offen. Wegen ihrer Einfachheit und Gelas-

senheit verrät ihre Ausführung die Meister-lichkeit des Judoka.

Ausführungen

Ausführung aus der Nage No Kata

Tsukuri — Vorbereitung
Beide Partner stehen im Abstand von einer Armlänge. Uke tritt mit seinem rechten Fuß vor, stellt den linken nach — Tsugi Ashi = Nachstellschritt — und faßt gleichzeitig mit beiden Händen die Jacke des Partners. Tori tritt reagierend mit seinem linken Fuß zurück und stellt den rechten nach, um die eigene Balance zu halten. Nun beginnt Tori seinen Rückwärtsschritt, um das Gleich-gewicht Ukes zu brechen. Uke versucht seine Balance zu halten, indem er Toris Schritt folgt.

4. STUFE UKI OTOSHI

schritten tritt Tori mit seinem linken Fuß weiter zurück, stellt den Fußballen auf die Matte und kniet ungefähr auf der Linie, die der vordere rechte Fuß Ukes und sein vorgestellter rechter Fuß bilden. Das knieende Bein Toris weicht um etwa 30°, in die Richtung seines Gesäßes, von dieser Linie ab. Gleichzeitig zieht Tori den Partner zu seinem Gesicht und läßt ihn im letzten Moment an seinem Körper vorbeirollen. Uke rollt neben den Körper Toris und fällt nach links-hinten auf den Rücken.

Anmerkungen zu Tsukuri
1. Die drei Phasen des Tsugi Ashi — Nachstellschrittes — sollen flüssig aufeinanderfolgen.
2. Während jeden Schrittes erfolgt ein Gleichgewichtbrechen, wobei der Partner mit allmählich steigernder Kraft beider Hände gezogen wird.

„Wegen ihrer Einfachheit und Gelassenheit verrät die Demonstration des Uki-otoshi die Meisterlichkeit der ausführenden Judoka."
Mahito Ohgo, Judo-Buch-Autor.

Anmerkungen zu Kake

1. Tori zieht während des dritten Schrittes seinen linken Fuß plötzlich zurück, so daß Uke mit seinem rechten Fuß unwillkürlich weit vortreten muß.
2. Tori zieht Uke so nah wie möglich zu seinem Gesicht heran, ohne dabei den eigenen Körper zu drehen.
3. Tori weicht mit seiner linken Körperseite aus, damit Uke vorbeirollen kann.
4. Toris Kopf zeigt bis zum letzten Moment geradeaus.

Andere Ausführungen

1. Die drei vorbereitenden Schrittbewegungen können durch normale Schritte ersetzt werden, solange es sich nicht um eine Kata Demonstration handelt.
2. Während des Randoris oder Kampfes wird mit Uki Otoshi direkt angegriffen, ohne vorbereitende Schritte. Hierbei muß ein überraschender Angriffszeitpunkt gewählt werden, besonders der Moment, wo der Partner unvorsichtig fassen will. Bei dieser Ausführung braucht man sich auch nicht unbedingt auf die Matte zu knien.

Alfred Rhode, der Begründer des Judo in Deutschland und damalige Vorsitzende des Deutschen Dan-Kollegiums/DDK um 1948, im Alter von 52 Jahren.
Alfred Rhode wirft den Braungurt Hoffmann mit Hüftwurf.
Im Hintergrund oben rechts: Kurt Bogaschewsky, 1. Kyu.

5. Stufe GOKYO

OSOTO GURUMA
UKI WAZA
YOKO WAKARE
YOKO GURUMA
USHIRO GOSHI
URA NAGE
SUMI OTOSHI
YOKO GAKE

Ushiro Goshi, Uke D. Thomas

5. STUFE OSOTO GURUMA

Osoto Guruma gehört zu der Gruppe der Fußtechniken und stellt eine Abweichung von Osoto Gari dar. Von den mannigfaltigen Osoto Gari-Ausführungen kann man immer noch weitere ableiten, die sich aber von Osoto Gari klar unterscheiden und teils eigene Namen besitzen. Wenn man die gekreuzten Beine nicht sichelt, nur blockiert, heißt sie Osoto Gake. Wird das Angriffsbein hinter den Oberschenkel des Partners gesteckt und durch den Druck des Oberkörpers geworfen, nennt man sie Osoto Otoshi. Wenn man nach dem Angriff des Beines mit dem Partner rollend nach vorwärts fällt, heißt sie Osoto Makikomi. Bei dem hier beschriebenen Osoto Guruma wird das Angriffsbein hinter dem oder den Oberschenkel(n) des Partners zur Drehachse. Alle Techniken mit dem Namen Guruma — Kuruma = Rad — werden in der Praxis selten benutzt. Der Grund mag darin zu finden sein, daß die Körperspannung in der letzten Phase des Wurfs bei solchen Techniken Schwierigkeiten hervorruft, weil die eigene Körperbewegung in der Bewegung des Partners einen Moment verharren muß. Eine solche Technik kann man leicht gegen einen Schwächeren ausführen. Gegen gleichwertige oder stärkere Partner ist es sehr schwer, da der letzte Haupteinsatz schon mit der Bildung der Drehachse beendet ist. Jedoch existieren auch Angriffsmöglichkeiten: Stellt man nach dem vollkommenen Gleichgewichtbrechen Hüfte, Bein oder Fuß unter den Schwerpunkt des sich noch bewegenden Partners stürzt er leicht auf die Matte.

Ausführungen

Wenn der Partner mit seinem rechten Fuß zurücktritt

Tsukuri — Vorbereitung
Wir greifen mit Osoto Gari ziemlich hoch an, wobei unser rechter Unterschenkel mit dem hinteren Oberschenkel des Partners Kontakt hält. In diesem Moment weicht der Partner aus, indem er mit seinem linken Bein weiter zurücktritt. Dies ist der Augenblick, wo wir den Partner zu unserem Körper heranziehen.

Kake — Ansatz
Wir strecken das rechte Bein hinter dem rechten Oberschenkel des Partners bis zu seinem linken Bein vorbei, während der linke Fuß weit neben den rechten des Partners nachgestellt wird. Im letzten Moment strecken und spannen wir das rechte Bein oder drücken es sogar noch weiter nach oben. Mit dem Beugen unseres Oberkörpers rollt der Partner, auf unserem rechten Bein als Drehachse, nach rückwärts.

Anmerkungen zu Tsukuri
1. Der Partner weicht zunächst einem Osoto Gari-Angriff aus, indem er seinen Körper nach links dreht.
2. Die Unterkörper beider Partner halten großen Abstand.

Anmerkungen zu Kake
1. Wir strecken das rechte Bein, hinter den Beinen des Partners, fast waagerecht hoch. Dabei führen wir das linke Standbein in einem Halbkreis, von außen nach innen, hinter den Körper des Partners und richten die Zehen nach innen.
2. Während der Annäherung müssen wir die rechte Hand kurz und stark zum eigenen Körper ziehen, damit sich der Partner reaktionsgemäß zurücklehnen muß.
3. Wir werfen den Partner wie mit umgekehrtem Harai Goshi in die Rückenlage.

5. STUFE UKI WAZA

Unter allen Selbstfalltechniken ist Uki Waza der eleganteste Wurf. Der Angreifer bricht das Gleichgewicht des Partners schräg zu seiner rechten Körperseite, verlängert die Bewegung vorwärts weiter und fällt selbst auf die Matte in die Wurfrichtung, wobei sein Körpergewicht und Schwung den Partner zum Rollen zwingen. In der Nage No Kata gehört Uki Waza zu der Lehrfolge Yoko Sutemi Waza — Selbstfalltechnik seitwärts —. Uki Waza nimmt die letzte Stelle in der Nage No Kata ein, indem sie zur ersten Technik Uki Otoshi in kontrastreicher Beziehung steht. Während Uki Otoshi mit Tsugi Ashi — Nachstellschritt — langsam, sogar majestätisch fortschreitet und mit dem entscheidenden Sturz endet, beginnt Uki Waza aus der gespannten Jigo Tai — Verteidigungsstellung —, mit gespartem Schritt, blitzschnellem Sturz des eigenen Körpers und schließt mit dem langsam auslaufenden Rollen des Partners. Als Kampftechnik ist Uki Waza für jede Körpergröße sehr wirkungsvoll, jedoch besonders für einen größeren gegen einen kleineren, flinken Kämpfer geeignet, wobei man den Kampf ohne großen Energieverbrauch

schnell beenden kann. Leider wird in unserer heutigen Zeit das Studium dieser Technik vernachlässigt, obwohl die Wirkung ebenso groß ist wie bei Tomoe Nage und Sumi Gaeshi.

Ausführungen

Wenn der Partner mit seinem rechten Fuß vortritt

Tsukuri — Vorbereitung
Der Partner tritt mit dem rechten Fuß vor oder schräg-vorwärts. Bevor er sein Gleichgewicht nach vorne verlagert, ziehen wir ihn mit beiden Händen vorwärts und spreizen vor ihm weit unser linkes Bein in die Zugrichtung, so daß sein Oberkörper dadurch weiter nach vorne gezogen wird.

Kake — Ansatz
Mit dem weiten Spreizen unseres linken Beines fallen wir mit der linken Körperseite auf die Matte und drehen dabei unseren Körper stark nach links, um den Zug beider Hände zu verstärken. Das rechte

Bein stellen wir angewinkelt hoch, während das linke gestreckt, weit gespreizt und mit der äußeren Fußkante die Matte berührt. Der Partner rollt über unseren Körper auf seinen Rücken.

Anmerkungen zu Tsukuri
1. Bevor wir angreifen, treten wir vom Partner weit zurück.
2. Wir ziehen den Partner nicht herunter, sondern waagerecht-vorwärts.

Anmerkungen zu Kake
1. Unser Standbein soll mit kleinem Sprung in die Wurfrichtung nachgestellt werden, um Schwung zum Wurf zu holen.
2. Das linke Bein leitet die gesamte Wurfausführung und soll so weit wie möglich in die Wurfrichtung geschwungen werden.
3. Beim Wurf drücken wir den rechten Fußballen, besonders aber die Zehen, auf die Matte, damit der Körper im letzten Moment die Spannung und den Schwung erhält.
4. Beide Hände werden ebenfalls in die Wurfrichtung geschwungen und nach dem Wurf in die Wurfrichtung gestreckt.

Andere Ausführungen

1. Wenn der Partner seinen rechten Fuß weit zurückzieht
Wir können mit unserem Körper nach linksseitwärts stürzen, das linke Bein schräglinks-vorwärts spreizen und den Partner über unsere linke Körperseite rollen lassen.

2. Wenn der Partner die Jigo Tai — Verteidigungsposition — hält
Wie in der Nage No Kata kann Uki Waza auch in der Jigo Tai ausgeführt werden, wobei beide Partner ihre rechte Hand unter die Achselhöhle zum linken Schulterblatt des Gegners führen. Tori führt seinen rechten Fuß zurück, spreizt anschließend das linke Bein und wirft.

Verteidigungen
1. Wenn der Angreifer stürzt, ziehen wir ihn hoch und weichen aus.
2. Wir springen über das gespreizte Bein des Angreifers.
3. Wir drücken zeitig den Oberkörper des Angreifers nach hinten, so daß er seine Balance verliert.

5. STUFE YOKO WAKARE

Yoko Wakare ist heute eine historische Technik und aus der Sicht moderner Kampfarten schon fast unmöglich geworden, weil die meisten Kämpfer technisch ausgefeilt sind und sich erfolgreich gegen eine solche Technik verteidigen können. Wer das Prinzip der Sutemi Waza — Selbstfalltechniken — erfaßt, findet in der Praxis dennoch einige Angriffsmöglichkeiten, wobei der Partner mit Kouchi Gari links oder Kosoto Gari links vorwärts-anlehnend angreift. Somit existiert Yoko Wakare z. Z. mehr als Kontertechnik. Wenn der Partner mit seinem rechten Fuß weit rückwärts ausweicht, ist es auch möglich, mit Yoko Wakare seine Bewegungen zu begleiten und ihn über den eigenen Körper rollen zu lassen. Meistens rollen beide seitwärts, obwohl man bei der vollkommenen Ausführung der hier beschriebenen Technik den Partner vorwärtsrollen lassen muß. Während des Kampfes, entstehen oft absichtlich oder unbeabsichtigt ähnliche Ausführungen, indem der Angegriffene kontert und rollend seine Position, von unten nach oben, wechselt. In einem solchen Fall sollte direkt zur Bodenarbeit übergegangen werden. Man kann Yoko Wakare auch als eine Übergangstechnik zur Bodenarbeit benutzen.

Ausführungen

Wenn der Partner mit seinem rechten Fuß vortritt

Tsukuri — Vorbereitung
Wir gehen ein paar Schritte zurück, damit der Partner veranlaßt wird, nach vorne zu treten.

Kake — Ansatz
Wenn der Partner mit seinem rechten Fuß vortritt, strecken wir beide Füße quer vor ihm, so daß wir den Partner durch Zug und Gewicht nach vorne anlehnen lassen. Während des Sturzes vor dem Partner ziehen wir ihn vorwärts in die Richtung seines Rollens und lassen ihn quer über unseren hingestürzten Körper rollen.

Anmerkungen zu Tsukuri

1. Wir lassen den Partner mit ausreichendem Tempo vortreten.
2. Wir ziehen den Partner nicht allzu früh.

Anmerkungen zu Kake

1. Wir springen vor dem Partner mit gestreckten Beinen vorwärts, wobei das linke Bein weit vor ihm gespreizt und das rechte nachgezogen wird.
2. Wir strecken unsere Hüfte und den Oberkörper und stürzen, während wir mit den Fersen weiterrutschen, auf die Matte.
3. Unser Rücken berührt die Matte; man kann auch mit der linken Körperseite die Matte berühren.
4. Wir dürfen den Partner nicht nach unten ziehen, sondern waagerecht in die Richtung seines Rollens.

Andere Ausführungen

1. Wenn der Partner seinen rechten Fuß weit zurückzieht
Wir stürzen gerade-vorwärts, wobei wir den Partner schräg-seitwärts über unseren Körper rollen lassen. Hierbei spielt der Zug beider Hände eine große Rolle.
2. Als Kontertechnik gegen O Goshi oder Uki Goshi
Führt der Partner seinen Arm zu unserem Rücken, können wir gleichzeitig mit der linken Hand seinen Gürtel fassen, seine rechte Körperseite überspringen und selbst vor dem Partner rollen. Dadurch rollt der Partner seitwärts über unseren Körper.

5. STUFE YOKO GURUMA

Yoko Guruma gehört zur Gruppe Yoko Sutemi Waza — Selbstfalltechnik seitwärts —. Sie ist ebenfalls eine Kontertechnik — Kaeshi Waza —, bei der der Angegriffene den Angreifenden wirft. Bei der Übung greift Uke mit einer bestimmten Technik an, Tori reagiert entgegengesetzt, weicht aus, begleitet anschließend die Bewegungen Ukes und kontert mit neuem Angriff. Die Nage No Kata zeigt ein solches Schema, wobei Uke mit Handschlag angreift und Tori mit Ura Nage angreifen will. Uke beugt seinen Oberkörper, um Ura Nage zu verteidigen. In diesem Moment greift Tori erneut mit Yoko Guruma an. Während des Kampfes ergeben sich viele Möglichkeiten zu Yoko Guruma; man kann sagen, daß alle hochangesetzten Hüfttechniken den Partner zum Yoko Guruma-Angriff verleiten. Dabei braucht er nur rechtzeitig durch Vertiefen des Schwerpunkts und Umarmung der Hüfte des Partners zu reagieren. Bei dem weiteren Eindrehen des Angreifers kontert der Angegriffene, indem er sein Bein und die Hüfte vorrückt, wodurch der Angreifer anschließend durch die eigene Körperbeugung und Fallen des Angegriffenen zum Rollen gebracht wird.

Ausführungen

Wenn der Partner mit einer Hüfttechnik, wie z. B. O Goshi, Tsurikomi Goshi, Tsuri Goshi usw. angreift

Tsukuri — Vorbereitung

Greift der Partner mit einer oben genannten Technik hoch an, lösen wir die linke Hand von seinem Ärmel und umgreifen seinen Rumpf. Mit seinem weiteren Versuch zu werfen, d. h. wenn der Partner seinen Oberkörper zum Angriff beugt, springen wir über seine rechte Körperseite und treten mit dem rechten Fuß vor seine Beine. Dabei halten beide Oberkörper Kontakt.

Kake — Ansatz

Wir strecken das rechte Bein zwischen den Füßen des Partners nach links-hinten durch, in die Richtung seiner rechten Ferse. Während der linke Arm den Partner vorwärts herunterdrückt, drehen wir den Rumpf nach links und lassen den Partner nach rechtsvorwärts über unseren Körper rollen.

Anmerkungen zu Tsukuri

1. Unsere rechte Hand, die das Revers des

Partners hält, braucht nicht gelöst zu werden. In der Nage No Kata hebt man mit der Innenfläche der Hand den Unterleib des Partners.

2. Die linke Hand soll beim Umgreifen nur bis zum Rücken des Partners geführt werden.

3. Unser Kopf hält leichten Kontakt mit der Körperfront des Partners.

Anmerkungen zu Kake

1. Das linke, stark angewinkelte Bein wird während des Streckens des rechten Beines zum Stand- und Drehpunkt.

2. Bevor wir den rechten Fuß zwischen die Beine des Partners strecken, können wir das rechte Bein ein wenig nach außen schwingen, um den gesamten Schwung zum Wurf zu holen. Dies ist besonders bei der vereinbarten Übung – Yakusoku Geiko – zu empfehlen.

3. Wir strecken das rechte Bein zwischen die Füße des Partners, wobei durch Span-

(Fortsetzung auf Seite 140)

5. STUFE USHIRO GOSHI

Ushiro Goshi ist eine Kontertechnik, in der
von allen Kontertechniken der Partner am
höchsten geworfen wird. Ushiro Goshi steht
auf dem einfachen Prinzip, daß der ein-
drehende Partner hoch zur Rückenlage angehoben wird, wobei man den Rumpf umarmt und mit dem Bauch seine Hüfte trägt.
Der Körper des Partners wird durch die
Koordination von Hüfte, Arme und Beine
hochgeschwungen. Ein kräftiger Kämpfer
kann manchmal leicht durch diese Voraussetzung kontern. Den richtigen Zeitpunkt
zum Kontern zu wählen, ist im allgemeinen
das Wichtigste bei dieser Technik.

Ausführungen

Wenn der Partner mit einer Hüfttechnik, wie
z. B. O Goshi, Tsurikomi Goshi, Hane Goshi,
Harai Goshi usw. angreift

Tsukuri — Vorbereitung
Greift der Partner mit einer oben erwähn-
ten Hüfttechnik an, lösen wir unsere linke
Hand und umgreifen den Rumpf auf seinem
Gürtel. Dabei senken wir tief die Hüfte und
treten mit dem rechten und linken Fuß
einen halben Schritt vor.

Kake — Ansatz
Mit dem kleinen Dribbelschritt drücken wir
den Bauch vor und biegen uns zurück. An-

(Fortsetzung von Seite 139)
nen des Fußristes das ganze Bein gestreckt
wird, d. h. wir stellen die Zehen in unsere
Richtung, wobei die Ferse die Matte leicht
schleift.
4. In der letzten Phase drehen wir den Körper stark nach links, so daß unser Gesicht
in die Wurfrichtung zeigt.
5. Beide Arme werden beim Wurf in die
Wurfrichtung geschwungen und bleiben in
dieser Richtung gestreckt.

schließend schwingen und heben wir beide
Arme möglichst hoch. Gerät der Partner allmählich in die Fallphase, weichen wir aus,
indem wir unseren linken Fuß seitwärts-
rückwärts ziehen und den Körper halb-links
drehen.

Anmerkungen zu Tsukuri
1. Die rechte Hand, die das Revers des
Partners hält, braucht nicht umzugreifen,
sondern drückt leicht seinen Körper.

2. Wir senken tief den Körper und treten gleichzeitig vorwärts, so daß unser Unterleib das Gesäß des Partners nach oben drückt.
3. Unser Kopf wird an den Körper des Partners gedrückt.

Anmerkungen zu Kake
1. Wir heben den Partner mit Unterstützung des anhebenden Bauches. Hierbei ist die Koordinierung wichtig.

2. Wir lösen den linken Arm so spät wie möglich vom Körper des Partners, sonst versucht der Partner in die Bauchlage zu fallen.
3. Die rechte Hand drückt den Partner während des Fallens herunter.

Verteidigung
Noch bevor wir hochgeschwungen werden, klammern wir mit einem Fuß ein Bein des Partners von innen oder außen.

141

5. STUFE URA NAGE

Ura Nage ist sowohl eine Selbstfall-, als auch eine Kontertechnik, wobei die Wirkung des Konterns und Wurfs im höchsten Maße erzielt wird. Ura Nage kann man fast gegen alle Techniken anwenden, gegen Fußtechniken, wie Kouchi Gari, Osoto Gari und Hüfttechniken, wie Harai Goshi, Hane Goshi, Tsurikomi Goshi. Für die Ausführung benötigt man starke körperliche Kräfte, da Arme, Beine und Hüfte größten Belastungen ausgesetzt werden. Hinzu kommt eine konzentrierte, geistige Anspannung, um im richtigen Zeitpunkt den Körper explosiv einsetzen zu können. So wird diese Technik auch nur bei wenigen qualifizierten Kämpfern, in ihrer vollkommenen Ausführung, gesehen. Auch bleiben während der Übung einige Verletzungsmöglichkeiten bestehen, wenn der Ernst und die Spannung fehlen. Man braucht eigentlich nicht zu erwähnen, daß Ura Nage eine vollkommene Beherrschung der Fallschule verlangt.

Ausführungen

Wenn der Partner mit einer Fußtechnik, wie z. B. Kouchi Gari, einer Hüfttechnik, wie z. B. Hane Goshi oder einer Handtechnik, wie z. B. Seoi Nage angreift.

Tsukuri − Vorbereitung
Werden wir mit einer oben genannten Technik angegriffen, senken wir den Körper, umgreifen mit dem linken Arm den Rumpf des Partners und treten mit dem rechten, anschließend mit dem linken Fuß einen halben Schritt vor, so daß das rechte Bein des Partners zwischen unseren Füßen steht. Die rechte Hand lösen wir von seinem Revers und stellen die Handfläche an den Unterleib des Partners, wobei wir die Finger nach oben und den Ellbogen nach unten richten. Unsere linke Kopfhälfte hält Kontakt mit der rechten Körperfront des Partners.

Kake — Ansatz

Wir strecken und drücken den Bauch vor und heben mit beiden Armen den Rumpf des Partners hoch. Dabei werden beide Knie stark durchgedrückt. Während des Anhebens drehen wir unseren Körper nach links-rückwärts und stürzen in der Rückenlage auf die Matte. Unsere linke Körperhälfte landet in der letzten Phase auf der Matte. Der Partner stürzt schräg-rückwärts zu unserer linken Körperseite.

Anmerkungen zu Tsukuri

1. Unsere rechte Hand brauchen wir im Kampf nicht immer vom Revers des Partners zu lösen.
2. Die hier beschriebene Technik muß zu dem Zeitpunkt, wo das Eindrehen des Partners noch nicht beendet ist, blitzschnell und ohne Zögern ausgeführt werden.
3. Unser Vortreten und das Eindrehen des Partners vollziehen sich wie ein Zusammenstoß.

Anmerkungen zu Kake

1. Wir benötigen die gesamte Koordination der Beine, Hüfte und Arme; jedoch leitet die Hüfte alle Bewegungen.
2. Unser Drehen muß von Anfang an den Teil einer Kurve beschreiben, um das Körperdrehen zu erleichtern.
3. Nach dem Wurf wird unser Körper wie ein Bogen gespannt, so daß nur die beiden Füße und die linke Schulter die Matte berühren.

5. STUFE SUMI OTOSHI

Sumi Otoshi ist die entgegengesetzte Technik von Uki Otoshi, in der Gruppe der Handtechniken. Bei Uki Otoshi wirft man den Partner vorwärts oder seitwärts-vorwärts, während er bei Sumi Otoshi seitwärts-rückwärts geworfen wird, wobei Tori sich nach vorne bewegen muß, und der Partner seitwärts-rückwärts gedrängt wird — Sumi = Ecke —. Sumi Otoshi hat den Spitznamen „Kuki Nage" — Luftwurf —, weil man scheinbar nur mit der Hand den Partner in der Luft rollen läßt und ihn wirft. Aber in Wirklichkeit wird er nicht nur allein mit der Hand geworfen, sondern mit den koordinierten Bewegungen beider Partner. Dabei werden auch die wachsende Kraft während des Bewegungsablaufs und manchmal auch die Reaktionen des Partners ausgenutzt. Somit spielen alle prinzipiellen technischen Wirkungen mit. Es ist unmöglich, allein mit der Kraft der Hand zu werfen. Sumi Otoshi ist nützlich zur Schulung vollkommener Schrittbewegungen und zum Erlernen eines Gefühls des gesamten Körpereinsatzes beim Wurf. Die vollkommene Ausführung dieser Technik bedeutet schon eine Vollendung des technischen Studiums im Judo.

Ausführungen

Wenn der Partner seinen rechten Fuß weit zurückzieht

Tsukuri — Vorbereitung

Der Partner tritt ein paar Schritte zurück, wobei wir diese Rückwärtsschritte begleiten. Im letzten Moment, wo der Partner mit seinem rechten Fuß zurücktreten will, springen wir vor ihm hinein — linker Fuß vor —, senken tief unsere Hüfte und drängen ihn mit beiden Händen nach hinten.

Kake — Ansatz

Wir schwingen beide Hände vorwärts und drücken unsere Hüfte weiter vor, wobei wir beide Füße kräftig in die Matte stemmen. Die nach vorn geschwungenen Arme werden anschließend wieder zum eigenen Körper zurückgezogen. Der Partner rollt auf seinem rechten Bein wie ein Rad nach rückwärts.

Anmerkungen zu Tsukuri

1. Wir halten den ganzen Körper ent-spannt, um ihn im letzten Moment explosiv einsetzen zu können.

2. Unsere Schrittbewegungen passen sich denen des Partners an.

Anmerkungen zu Kake

1. Nach dem letzten Schritt machen wir noch einen halben Sprungschritt. Dieser Sprungschritt liefert die Hauptenergie zum Wurf.

2. Unser rechter Ellenbogen wird zu unserer rechten Brust geführt. Die linke Hand zieht und führt den Partner in die Wurfrichtung; jedoch stoßen beide Hände koordinierend von unten nach schräg-oben.

3. Die Hüfte müssen wir ausreichend sen-ken und gleichzeitig nach vorne drücken.

4. Die Knie werden im letzten Moment wieder gestreckt, um Schwung zu holen.

145

5. STUFE SUMI OTOSHI

Andere Ausführungen

1. Ausnutzung der Reaktion des Partners
Wir ziehen den rechten Fuß zurück und lassen den Partner mit dem linken Fuß vortreten. In diesem Moment reagiert der Partner und verlagert sein Gewicht auf den zurücktretenden rechten Fuß. Im gleichen Augenblick springen wir mit dem linken Fuß vor den Partner hinein und senken tief unseren Körper. Gleichzeitig schieben wir den Partner mit beiden Händen in die Wurfrichtung. Diese Bewegung vollzieht sich in einer langen Wendeaktion, d. h. wir ziehen den Partner rückwärts herunter und drücken ihn mit dem Hineinspringen nach schräg-oben vorwärts.

2. Wenn der Partner eine gebückte Position hält
Streckt der Partner seine Arme und schiebt seine Hüfte weit nach rückwärts, können wir ihn mit der rechten Hand, die sein Revers hält, stark nach hinten-unten drücken, so daß er als Reaktion seine linke Schulter hochheben muß. In diesem Moment ziehen wir unsere linke Hand direkt nach unten. Der Partner dreht sich nach links und fällt durch seinen eigenen Schwung auf die Matte. Diese Art der Ausführung könnte eine Zwischentechnik von Uki Otoshi und Sumi Otoshi sein.

**Sumiyuki Kotani,
9. Dan,
einer der Pioniere
des japanischen Judo,
bei der Demonstration
der Endphase
des Sumi-otoshi
(Eckenwurf).**

Die letzte Technik im Go Kyo ist Yoko Gake und gehört zur Gruppe der Selbstfalltechniken seitwärts. Auch nimmt sie eine Stelle in der Nage No Kata ein, als die erste Technik Yoko Sutemi Waza — Selbstfalltechnik seitwärts —. Das Gleichgewichtbrechen in der Ausführung der Nage No Kata ist etwas anders als in der wettkampfmäßigen Durchführung. Dies könnte auch der Grund sein, warum Yoko Gake allgemein sehr wenig benutzt wird. Sie ähnelt Yoko Otoshi und Tani Otoshi, jedoch unterscheidet sie sich in der Angriffsrichtung beim Selbstfallen. Da der Angreifer mit seinem Angriffsfuß den Fuß des Partners stützt, dreht sich der Partner zwangsläufig in die Richtung des Angreifers. Anschließend fallen beide zusammen auf die Matte. Im Wettkampf wird dieses Fußstützen am vortretenden Fuß des Partners direkt ausgeführt. Wegen dieses Stützens kann er nicht so leicht ausweichen, weil der Fuß des Partners am Fuß des Angreifers haften bleibt. Yoko Gake mag in der Praxis mehr mit Sasae Tsurikomi Ashi in Zusammenhang stehen. Ein kleinerer Kämpfer kann gegen einen größeren mit Sasae Tsurikomi Ashi angreifen, aber wie Yoko Gake variieren, wobei er selbst stürzt. Nach einem Yoko Gake-Angriff sollte man unbedingt zur Bodenarbeit übergehen.

Ausführungen

Wenn der Partner mit seinem rechten Fuß vortritt

Tsukuri — Vorbereitung
Will der Partner mit seinem rechten Fuß vortreten oder ist mit ihm bereits vorgetreten, können wir ihn vorwärtsziehen, so daß er sich nach vorne anlehnen muß. Die linke Hand zieht schräg nach oben, wobei die rechte diesen Zug unterstützt.

Kake — Ansatz
Wir stützen von vorne den Fußspann des Partners mit unserer Fußsohle. Im gleichen Moment stürzen wir mit der linken Körperseite auf die Matte und strecken den Körper. Der Partner rollt nach rechts und fällt neben unsere linke Seite.

5. STUFE YOKO GAKE

Anmerkungen zu Tsukuri

1. Wir ziehen den Partner weit vor, so daß er mit seinem rechten Fuß nicht mehr weiter vortreten kann. Steht der Partner jedoch im parallelen Stand, ziehen wir ihn vor, damit er unbedingt vortreten muß.
2. Wir greifen auf alle Fälle mit der linken Hand den Ärmel des Partners unter seinem Ellenbogen oder von außen, zwischen Oberarm und Ellenbogen, um Verletzungen zu vermeiden.

Anmerkungen zu Kake

1. Wir strecken die Beine zum Partner und drücken ihn leicht. In diesem Moment drehen wir unseren Oberkörper nach links, wodurch sich der Partner ebenfalls drehen muß.
2. Ist die Ausgangsposition zum Angriff zu nahe am Partner, erhalten wir keinen günstigen Angriffszeitpunkt.
3. Wir ziehen im letzten Moment, wo der Partner auf die Matte stürzt, die linke Hand hoch, damit sich der Partner vollkommen drehen muß und zu unserer linken Körperseite fällt.

Andere Ausführungen

1. Wenn der Partner mit seinem rechten Fuß weit seitwärtstritt

Wir schwingen den Partner mit beiden Händen nach links, so daß er in eine weite rechte Kreisbewegung treten muß. Stellt der Partner seinen rechten Fuß auf die Matte, halten wir mit der linken Fußsohle seinen rechten Fußknöchel und fallen seitwärts auf unsere linke Körperseite. Der Partner rollt seitwärts.

2. Yoko Gake als Kontertechnik

Wir können gegen jede Technik in ihrem Drehbeginn mit Yoko Gake als Kontertechnik angreifen.

Verteidigungen

1. Wir entspannen unser angegriffenes Bein und treten mit ihm vor.
2. Bevor der Partner stürzt, treten wir weit vor und stören seine koordinierten Bewegungen.

Das Endzitat zu den 40 Würfen der Gokyo:

„Wenn Du vierzigmal geworfen wirst, dann stehe vierzigmal auf!"

Judowurf Utsuri-goshi (Wechsel-Hüftwurf)
Hier: Die erste Phase des Aushebens,
bevor der Partner über die rechte Hüfte geführt und geworfen wird.
Tori (rechts) ist Herbert Velte, Uke ist Klaus-Dieter Matschke,
die Autoren dieses Buches.
Das Foto ist einige Jahrzehnte zurückliegend, "aus guter alter Zeit".

Bibliographie und Bildquellen-Nachweise
Das Literaturverzeichnis

Die Zusammenstellung dieses Buches ist dem Autoren-Team- im Gegensatz zu den 49 vorangegangenen Buchtiteln - wesentlich leichter gefallen. Denn: Das ursprüngliche Buch über „Die 40 Gokyo-Kampftechniken" stand „zur weiteren Bearbeitung" noch zur Verfügung. So macht dieser hier vorliegende erweiterte Nachdruck auch juristisch gesehen, im Sinne des internationalen Copyrights, keine Probleme.

Die noch zusätzlich von den Autoren verwendete und ausgewertete Judo-Literatur ist die folgende:

Fachorgan „Judo". Norddeutsche Verlagsgesellschaft, Lübeck, ab Heft Nr. 1, 15. Januar 1961, Redaktion: Herbert Velte.
Judo, 40 Gokyo-Kampftechniken, von Mahito Ohgo. Sport-Buch-Verlag Herbert Velte, Bad Homburg v.d.H., 1975.
Judo-Revue, die Fachzeitschrift für den Judolehrer, Trainer, Experten und alle Judoka. Die Nr. 1 erschien im Frühjahr 1976, Herausgeber war Mahito Ohgo, Düsseldorf.
Budo-Karikaturen, Die kleine Budo-Bibliothek Band 7, Budo-Artikel-Vertrieb Herbert Velte, Bad Homburg v.d.H., Zeichnungen Peter Kern, 1977.
Judo, Wettkampf-Erfolgstechniken, von Herbvert Velte und Klaus-Dieter Matschke. Schramm Sport GmbH., Vierkirchen, 2005.
Judo, für den fortgeschrittenen Kämpfer und Meister, von Klaus-Dieter Matschke und Herbert Velte. Schramm Sport GmbH., Vierkirchen, 2007.

Die Einteilung und Klassifizierung der Wurftechniken des Kodokan-Judo von 1895 bis 2000
(Gokyo-no-waza / Shinmeisho-no-waza)

Die Gokyo-no-waza, vereinbart und festgelegt im Jahre 1895.
Die früheren 42 Judo-Standtechniken:

Dai-Ikkyo, 1. Gruppe, 7 Techniken:
Hiza-guruma, Sasae-tsuri-komi-ashi, Uki-goshi,
Tai-otoshi, O-soto-gari, De-ashi-barai, Yoko-otoshi.

Dai-Nikyo, 2. Gruppe, 7 Techniken:
Sumi-gaeshi, O-goshi, Ko-soto-gari, Koshi-guruma,
Seoi-nage, Tomoe-nage, Tani-otoshi.

Dai-sankyo, 3. Gruppe, 7 Techniken:
Okuri-ashi-barai, Harai-goshi, Ushiro-goshi, Ura-nage,
Uchi-mata, Obi-otoshi, Hane-goshi.

Dai-Yonkyo, 4. Gruppe, 10 Techniken:
Uki-otoshi, Uki-waza, Daki-wakare, Kata-guruma, Hikkomi-gaeshi,
Soto-maki-komi, Tsuri-goshi, Utsuri-goshi, O-soto-otoshi, Tawara-
gaeshi.

Dai-gokyo, 5. Gruppe, 11 Techniken:
Yoko-guruma,Yoko-wakare, Uchi-maki-komi, Ko-uchi-gari, Ashi-guruma,
Seoi-otoshi,Yoko-gake, Harai-tsuri-komi-ashi,Yama-arashi, O-soto-guruma,
Tsuri-komi-goshi.

**Die Gokyo-no-waza / Shin-Go-kyo, verbessert im Jahre 1920
(5 x 8 = 40 Techniken):**
Das sind „Die 40 Judo-Gokyo-Kampftechniken" dieses Buches.
Die Aufzählung der Wurftechniken findet der Leser ab Seite 5,
die Wurfbeschreibungen und Abbildungen
im gesamten Inhalt dieses Buches.

**Die insgesamt 67 alten und neuen (Shinmeisho-no-waza)
Judo-Stand- bzw. Wurftechniken im Jahre 2000:**

Im neuen Lehr-, Trainings- und Prüfungsprogramm des Judo
des Jahres 2000 wurden die klassischen (traditionellen)
Wurftechniken einer jeden Kyo (Kyo = Gruppe, Kyu = Grad)
beibehalten und um jeweils 4 Wurftechniken
aus der Gruppe der Shinmeisho-no-waza
(Techniken für Fortgeschrittene)
sinnvoll ergänzt.
Siehe nachfolgende Aufstellungen.

**Te-waza
(15 Hand- bzw. Schulter-Techniken):**

Seoi-nage	Yama-arashi
Tai-otoshi	Morote-gari
Kata-guruma	Kuchiki-taochi
Sukui-nage	Kibisu-gaeshi
Uki-otoshi	Uchi-mata-sukashi
Sumi-otoshi	Ko-uchi-gaeshi
Obi-otoshi	Ippon-seoi-nage
Seoi-otoshi	

**Koshi-waza
(11 Hüft-Techniken):**

Uki-goshi	Hane-goshi
O-goshi	Utsuri-goshi
Koshi-guruma	Ushiro-goshi
Tsuri-komi-goshi	Daki-age
Harai-goshi	Sode-tsuri-komi-goshi
Tsuri-goshi	

Ashi-waza
(21 Fuß- bzw. Bein-Techniken):

De-ashi-barai (harai)
Hiza-guruma
Sasae-tsuri-komi-ashi
O-soto-gari
O-uchi-gari
Ko-soto-gari
Ko-uchi-gari
Okuri-ashi-barai (harai)
Uchi-mata
Ko-soto-gake
Ashi-guruma

Harai-tsuri-komi-ashi
O-guruma
O-soto-guruma
O-soto-otoshi
Tsubame-gaeshi
O-soto-gaeshi
O-uchi-gaeshi
Hane-goshi-gaeshi
Harai-goshi-gaeshi
Uchi-mata-gaeshi

Ma-Sutemi-waza
(5 gerade Selbstfall-Techniken, auf den Rücken):

Tomoe-nage
Sumi-gaeshi
Ura-nage

Hiki-komi-gaeshi
Tawara-gaeshi

Yoko-Sutemi-waza
(15 seitliche Selbstfall-Techniken, auf die Seite):

Yoko-otoshi
Tani-otoshi
Hane-maki-komi
Soto-maki-komi
Uki-waza
Yoko-wakare
Yoko-guruma
Yoko-gake

Daki-wakare
Uchi-maki-komi
Kani-basami
O-soto-maki-komi
Uchi-mata-maki-komi
Harai-maki-komi
Kawazu-gake (verbotene Technik)

ANHANG Nr. 2
der erweiterten Neu-Auflage 2007

Die allgemeine Judo-Kampfsport-Terminologie

Die Hauptgruppen des Judo und ihre japanischen und
deutschen Bezeichnungen.
20 übergeordnete Fachbegriffe, von der Vorbereitung über
die Fallschule bis zur Wiederbelebung:

01 **Tai-so:** Vorbereitende Übungen (Gymnastik, Konditionstraining).
02 **Ukemi-waza:** Gruppe der Falltechniken.
03 **Nage-waza:** Gruppe der Wurftechniken.
04 **Ashi-waza:** Gruppe der Fuß- und Beinwürfe.
05 **Koshi-waza:** Gruppe der Hüftwürfe.

06 **Kata-waza:** Gruppe der Schulterwürfe.
07 **Te-waza:** Gruppe der Handwürfe.
08 **Kaeshi-waza:** Gegenwurftechniken.
09 **Renraku-waza:** Kombinationstechniken.
10 **Oya-waza:** Die fortschrittlichen Techniken.
11 **Ne-waza:** Die Bodentechniken (Haltegriffe, Würgegriffe und Armhebel).
12 **Katame-waza:** Die Gruppe sämtlicher Boden-Grifftechniken.
13 **Osae-komi-waza:** Die Haltegriffe.
14 **Kansetsu-waza:** Die Hebelgriffe.
15 **Shime-waza:** Die Würgegriffe.
16 **Tachi-waza:** Die Standtechniken.
17 **Ju-Jutsu-waza:** Die Selbstverteidigungstechniken.
18 **Todome-waza:** Die kampfbeendenden/kampfentscheidenden Techniken (wörtlich: „Man gibt ihm den Gnadenstoß").
19 **Atemi-waza:** Die Tritt- und Schlagtechniken.
20 **Kuatsu:** Die Erste Hilfe und die Kunst der Wiederbelebung.

Lexikon und Kurz-Definitionen der japanischen Fachausdrücke, zu den Begriffen Kampf (shiai) bis Wettstreit (kyoso). 30 allgemeine Begriffe:

Wir belassen diese Begriffe bewusst mit Deutsch beginnend, weil der deutsche Begriff unseres Erachtens zuerst gesucht wird, um erst dann die japanische Erklärung dazu zu finden.

01 **Kampf:** shiai, tatakai, toso.
02 **harter Kampf:** kusen.
03 **heißer Kampf:** gekisen.
04 **Kampf auf Leben und Tod:** kesshi no tatakai.
05 **der geistige Kampf:** shinsen.
06 **sich zum Kampfe rüsten:** tatakai no jumbi.
07 **kampfbereit:** sento jumbi wo shita.
08 **Kampfbereitschaft:** sento jumbi.
09 **kämpfen:** tatakau.
10 **Kampfgeist:** tokon.
11 **Kampfgewühl:** tatakai takenawa.
12 **kampfgewohnt:** tatakai ni nareta.
13 **bis aufs Äußerste kämpfen:** hisshi ni tatakau.
14 **für die gute Sache kämpfen:** seigi no tame ni tatakau.
15 **Kämpfer:** shono, senshi, toshi.
16 **Kämpft! (als Aufforderung):** „Hajime"!
17 **kampflustig:** tatakai zuki no.
18 **Kampfeslust:** senso kyo.
19 **kampffähig:** sentoryoku no aru.
20 **Kampffläche:** shiai-jo.
21 **Kampfplatz:** kyogi-jo.
22 **Kampfpreis:** shohin.

23 **Kampfrichter:** shimpansha.
24 **Kampfspiel:** shiai.
25 **kampfunfähig:** sentoryoku no nai.
26 **Trainingskampf / Spiel:** shobu.
27 **Wettkampf:** kyogi, shiai, shobu.
28 **Wettkämpfer:** shiai-sha.
29 **Wettspiel:** kyogi.
30 **Wettstreit:** kyoso, kyogi (-kai).

Lexikon und Kurz-Definitionen der japanischen Fachausdrücke der Tachi-waza, zu den Begriffen Wurf, werfen (Nage-waza) 10 allgemeine Fachbegriffe:

---

01 **Nage, nageru:** Werfen.
02 **Nage-kata:** Wurf (Art und Weise des Wurfes).
03 **Nage-komi:** Werfen des Partners.
04 **Nage-taosu:** Zu Boden werfen.
05 **Nage-waza:** Gruppe sämtlicher Stand- bzw. Wurftechniken.
06 **Nage-no-kata:** Die Form des Werfens (Vorführungs-Zeremonie).
07 **Tachi:** Stand, Grundstellung, „im Stehen". Ein guter eigener Stand (Gleichgewicht) ist die Voraussetzung, um einen Partner oder Gegner erfolgreich zu werfen.
08 **Tachi-geiko:** Übungsform, bei der alle Techniken aus der stehenden Position ausgeführt werden.
09 **Tachi-waza:** Gruppe sämtlicher Standtechniken.
10 **Uchi-komi:** Mehrmalige hintereinanderfolgende Wurfeingänge ohne zu werfen (gilt als die praktische Simulation des Tsukuri).

Amicizia Friendship **Freundschaft** Amistad

Lealtà Loyalty **Treue** Lealtad

Lexikon und Kurz-Definitionen der japanischen Umgangs-, Höflichkeits- und Gruß-Formen (Reishiki) 53 allgemeine und spezielle Fachbegriffe:

01 **Agura:** Lockerer, gelöster Sitz, ähnlich dem sog. „Schneidersitz" (anza).

02 **Ai:** Alle, zusammen.

03 **Aisatsu suru:** Alle grüßen.

04 **Chakuza:** Hinsetzen.

05 **Chui:** Aufmerksamkeit.

06 **Chushin ni atsumeru:** Sich konzentrieren.

07 **Dojokun:** System von Verhaltens- und Umgangsformen; philosophische Lebensregeln, erstmals historisch erwähnt im Shaolin-Kloster (in der chin. Provinz Honan gelegen) und weiter entwickelt in den verschiedenen asiatischen Kampfkünsten.

08 **Hajime:** Anfangen, „kämpft!".

09 **Hidari:** Links.

10 **Jamei:** Siehe unter „Za-rei".

11 **Jigi:** Verbeugung.

12 **Keirei:** Gruß,Verbeugung.

13 **Keirei-suru:** Sich verbeugen (auch: ojigi-wo-suru).

14 **Kihai, Kiza:** Kniefall.

15 **Ma-ai:** Harmonische Distanz (Entfernung), als optimaler und erfolgbestimmender Abstand zwischen Nage und Uke (Aikido) oder zwischen Tori und Uke (Judo).

16 **Mae:** Vor (gehen).

17 **Migi:** Rechts.

18 **Ojigi:** Normale Verbeugung, Verneigung.

19 **Ojigi-wo-suro:** Sich verbeugen.

20 **Otogai-ni-rei:** Sich am Anfang und am Ende des Trainings zueinander (gegenseitig) verbeugen. Kämpfer oder Mannschaften bedanken sich, z.B. für das Training.

21 **Rei:** (abgeleitet von Kei-rai), verbeugen, Kurzform des Grußes, der Begrüßung. Rei umschreibt auch grob die Tugenden der Höflichkeit, des Respektes, der Dankbarkeit und der Ritterlichkeit.

22 **Reigi:** Etikette, Höflichkeit, Verhalten, Umgangs- und Höflichkeitsbezeugung, als Audruck des Respektes vor den kreativen und geistig-seelischen Fähigkeiten eines Menschen.

23 **Reigi-shaho:** Etikette, Höflichkeit. Die Formen der Begrüßung.

24 **Rei-ho:** Technik und zeremonielle (rituale) Form des Verbeugens und Begrüßens.

25 **Rei-jo:** Höflichkeit (auch Rei-gi).

26 **Rei-shiki (saho):** Etikette, Höflichkeits- und Umgangsform.

27 **Rikaku:** Position, Handlungsabstand, natürliche Stellung mit einer Distanz zum Partner oder Gegner (siehe auch unter Ma-ai).

28 **Ritsu-rei:** Zeremonielle, rituale Verbeugung (Gruß), im Stehen.

29 **Seiretsu:** Aufstellen, eine Reihe bilden.

30 **Sei-za:** „Richtiges" Sitzen, wörtlich: „stillsitzen", korrekte traditionelle jap. Sitzhaltung mit untergeschlagenen Füßen, d.h. man sitzt kniend auf den Fersen. Die Haltung der Rückkehr zu sich selbst (wird auch Tai-za genannt).

31 **Sempai-ni-rei:** Verbeugung zum Senior, zum Älteren.

32 **Sensei-ni:** Ausrichten der Anwesenden zum Lehrer.

33 **Sensei-ni-rei:** Verbeugung zum Sensei, als Symbol des ewigen Meisters; Gruß (der Anwesenden) zum Lehrer, zum Träger und Bewahrer der Tradition.

34 **Shihan-ni-rei:** Verbeugung zum Großmeister.
35 **Shiki:** Zeremonie (gishiki: zeremoniell).
36 **Shimpan-ni-rei:** die Kämpfer grüßen den/die Kampfrichter.
37 **Shinza-ni-rei:** Verbeugung, Gruß zum Shinto-Schrein.
38 **Shisei:** Körperhaltung, Grundstellung.
39 **Shomen-ni-rei:** Verbeugung zur Vorderseite, Gruß nach vorne. Kommando des Lehrers; respektvolle Verbeugung zum Joseki, zum Shomen (s.d.) oder zum Publikum. Bei Shomen-ni wenden sich die Schüler und Lehrer in Richtung Shomen. Bei „Rei" (gesprochen: reh) wird die Verbeugung im Stand durchgeführt.
40 **Sonkei:** Ehre, Respekt.

小さな子供が大人を投げとばしたのではない。大人が
子供という小石に躓いて、投げとばされただけである。

Nach der respektvollen Verbeugung (Texte siehe oben) wirft der kleine Schüler den großen Meister mit Harai-goshi (Endphase des Wurfes).

41 **Sonkei-suru:** (Jemanden) Ehren.
42 **Keirei:** Ehrenbezeigung.
43 **Meiyo:** Persönliche Würde.
44 **Sonkei-subeki:** Ehrenhaft.
45 **Sonkei-subeki-hito:** Ehrenmann.
46 **Tachi-rei:** Grüßen im Stehen, Verbeugung im Stand.
47 **Tai-za:** Konzentrationssitz; kniend auf der Matte mit untergeschlagenen Beinen, sitzen auf den Fersen.
48 **Tenrei-teishiki-sho:** Rituale.
49 **Ushiro:** zurück, Rückwärts.
50 **Yame:** Aufhören, beenden.
51 **Za-rei-Haltung:** Sitzend, mit aufrechtem Oberkörper.
52 **Za-rei-Verneigung:** Gruß im Sitzen; zeremonielle, rituale Verbeugung (Gruß) im Sitzen (Knien), aus dem Tai-za-Sitz (s.d.).
53 **Za-zen:** Wörtlich „sitzen im Zen"; der in der Zen-Meditation und in den Budo-Disziplinen übliche Konzentrations-Sitz zur Übung der Ruhe („Die im Sitzen geübte Versenkung" und „Zensitz zur inneren Sammlung"), bei dem beide Beine vorne übereinander (über-kreuz) geführt werden.
Auch: „Burmesischer Sitz" genannt, ähnlich dem sogenannten deutschen „Schneidersitz".

Die Abbildungen unten zeigen den großen japanischen Judo-Pionier Kyuzo Mifune, 10. Dan während der Übung des traditionellen Za-zen und der anschließenden Ver-beugung Za-rei.

Ende

Die 50 Fachbücher und 5 Zeitschriften (126 Ausgaben) des Autors und Redakteurs Herbert Velte, von 1959 bis 2007:

		Erst- und Folgeauflagen:
01	Judo-Kampfwürfe und Kampfaktionen	1959, 1974, 1992
02	Spezialwurf-Serie Uchi-mata	1960, 1974
03	Judo-Lehrheft des DJB O-soto-gari	1962
04	Judo-Lehrheft des DJB Tai-otoshi	1962
05	Erich Rahn, Meister der 1000 Jiu-Jitsu-Griffe	1965
06	Judo-Taschenbuch für 1965	1965
07	Judo-Taschenbuch für 1966	1966
08	Ich lerne Judo (Fackel-Verlag)	1967
09	Taekwondo-ABC	1974
10	**Budo-Lexikon** (Falken-Verlag)	1974, 1976, 1985
11	Judo-Kampfsport für den Anfänger	1974, 1983, 1998, 2000
12	Die Bruce Lee-Story	1976, 1977, 1983
13	**Budo-Karikaturen** (Falken-Verlag)	1977, 1980
14	**Budo-Weisheiten** u. praktische Ratschläge	1977, 1993
15	Neues Bruce-Lee-Lexikon	1978
16	Budo-Weisheiten und kleines Zen-Lexikon	1979, 1982, 1985
17	Karate-Wettkampf-Erfolgstechniken	1982, 1993
18	Kampfsport-Witze	1983
19	Judo-Gürtelprüfung, von Gelb bis Grün	1983, 1993, 1997
20	Judo-Gürtelprüfung, von Blau bis Schwarz	1983, 1993
21	Die Rückkehr der Ninja	1984
22	Internationales Ninjutsu-Lexikon	1985
23	Judo-Fachwort-Lexikon	1985, 1993
24	Karate-Fachwort-Lexikon	1986, 1994, 1997
25	Ju-Jutsu-Modern	1994
26	Aikido-Fachwort-Lexikon	1994
27	Ju-Jutsu-Wörterbuch	1995
28	Taekwondo-Fachwörterbuch	1995
29	150/220 Goldene Kampfkunst-Regeln	1995, 1997, 2001
30	Alfred Rhode, Ein Leben für den Judosport	1998

Übersetzungen aus dem Amerikanischen:

31	Bruce Lee's Nunchaku in Aktion	1983
32	Bruce Lee, seine Ewigkeit	1984
33	Jean Frenette's Stretching	1992
34	Bruce Lee, The untold Story	1993
35	Complete Iron Palm	1993
36	Ninja-Mind-Control	1993
37	Kick-Boxtraining und Kampftricks	1994

**Neue Fachbücher der Autoren Herbert Velte
und Klaus-Dieter Matschke:**

38	**Budo-Etikette** (und Verhaltensformen)	2004
39	Kämpfe und siege! Ein Zitatenhandbuch	2005
40	100 Jahre Jiu-Jitsu/Ju-Jutsu und Judo in Deutschland	2005
41	Judo-Wettkampf-Erfolgstechniken	2005
42	Judo für den fortgeschrittenen Kämpfer	2005
43	**Budo-Kampfsport-Lexikon**	2006
44	Ich lerne und trainiere Judo	2006
45	**Budo-Kampfsport-Karikaturen**	2006
46	Großes Jiu-Jitsu-/Ju-Jutsu- und Judo-Lexikon	2006
47	Karate- und Kobudo-Lexikon	2006
48	Lexikon der asiatischen Budo-Kampfsport-Philosophie	2006
49	Lexikon der asiatischen Budo-Kampfsport-Weisheiten	2007
50	Judo, Die 40 Gokyo-Grund- und Kampftechniken	2007

Zeitschriften (Redaktion oder Mit-Redaktion Herbert Velte):

01	„JUDO", offizielles Fachorgan des DJB (72 Ausgaben)	1961 bis 1966
02	„Internationales Judo- und Karate-Journal" (36 Ausgaben)	1967 bis 1969
03	„Ninja-Nahkampf-Magazin" (6 Ausgaben)	1990
04	„DDK-Magazin", Gesamtausgabe	2002 bis 2005
05	„DDK-Magazin", hessische Ausgabe	2003

Etwas über die Autoren

Klaus-Dieter Matschke betreibt seit 1958 aktiv Judo in der Judo-Abteilung der Homburger Turngemeinde von 1846 e.V. (HTG). In dieser Zeit traf er auch auf Herbert Velte, mit dem er viele Jahre zusammen trainierte. Klaus-Dieter Matschke (KDM) vervollständigte sein Judowissen und Können bei vielen Judo-Lehrgängen in der Schweiz, in Österreich und auch in Fernost. Heute besitzt KDM den 6. Dan, ist Mitglied des ersten im Jahre 1922 gegründeten deutschen Judo-Clubs, dem 1. DJC Frankfurt/Main und im Judokan Marl. In seiner KDM-Unternehmens- und Sicherheits-Beratung hat Klaus-Dieter Matschke in den letzten Jahren viele Bücher über Wirtschaftsspionage, Terrorismus und Sicherheits-Management geschrieben.

Herbert Velte begann im Jahre 1953, mit 18 Jahren, mit dem Judotraining, vorerst im Turnverein Oberstedten/Taunus, unter der Leitung von Jürgen Seydel (dem späteren Begründer des Karate in Deutschland). Danach in der Judo-Abteilung der Homburger Turngemeinde (HTG) und ab 1961 im Lübecker Judo-Club. In Lübeck war er in dieser Zeit viele Jahre Redakteur des offiziellen Fachorgans „JUDO". Während seiner kämpferischen Laufbahn war Herbert Velte mehrmals Hessischer Judo-Einzelmeister, zweimal Südwestdeutscher Meister und einmal Deutscher Vizemeister. Ab 1972 gründete er in Bad Homburg seine „Budo-Artikel-Vertriebs-GmbH.", danach den Sport-Buch-Verlag Velte. Während dieser Zeit hat er mehr als 40 Fachbücher über die asiatischen Kampfkünste zusammengestellt, geschrieben und aus dem Amerikanischen übersetzt. Von 2003 bis zum 2005 war Herbert Velte Pressereferent des Deutschen Dan-Kollegiums e.V. (DDK). Ab 2006 schreibt Herbert Velte in Zusammenarbeit mit seinem alten Judo-Freund Klaus-Dieter Matschke weitere Budo-Bücher.

163

Name _____

Vorname _____

PLZ/Ort _____

Straße/Nr. _____

Telefon _____

Kunden Nr. ☐☐☐☐☐☐

Bestellschein (bitte einsenden an untenstehende Adresse)

Bestell-Nr.	Artikel/Bezeichnung	Anzahl	Einzelpreis €	Gesamtpreis €

Endbetrag € _____

Lieferung erfolgt per Nachnahme oder Kreditkarte

Kreditkarte: ☐ Visa   ☐ EURO Card/Master Card   ☐ American Express

Karten-Nr: [_____]   KPN: [_____]

Verfall-Datum:

Datum/Unterschrift

KWON Kampfsport-Ausstattung

Schramm Sport GmbH · Unterfeldring 3 · 85256 Vierkirchen/Germany

Telefonische Bestellannahme +49-81 39-88-3 11 · Anrufbeantworter +49-81 39-88-7 05

Telefax +49 81 39-88-7 01 · info@kwon.de · www.kwon.net